领阅·财税中国·政策普惠工程

政府采购全解

财税学研中心　组织编写

中国财经出版传媒集团
中国财政经济出版社

图书在版编目（CIP）数据

政府采购全解 / 财税学研中心组织编写. --北京：中国财政经济出版社，2022.6

（领阅·财税中国·政策普惠工程）

ISBN 978-7-5223-1452-5

Ⅰ.①政… Ⅱ.①财… Ⅲ.①政府采购制度-中国 Ⅳ.①F812.2

中国版本图书馆 CIP 数据核字（2022）第 088993 号

责任编辑：钱红叶　　　　责任校对：唐　堂

财税学研

使用说明/内容更新/考试提示

中国财政经济出版社 出版

URL：http：//www.cfeph.cn

E-mail：cfeph@cfeph.cn

社址：北京市海淀区阜成路甲 28 号　邮政编码：100142

营销中心电话：010-88191522

天猫网店：中国财政经济出版社旗舰店

网址：https：//zgczjjcbs.tmall.com

廊坊佳艺印务有限公司印刷　各地新华书店经销

成品尺寸：185mm×260mm　16 开　11.75 印张　217 000 字

2022 年 6 月第 1 版　2022 年 6 月河北第 1 次印刷

定价：75.00 元

ISBN 978-7-5223-1452-5

（图书出现印装问题，本社负责调换，电话：010-88190548）

本社质量投诉电话：010-88190744

打击盗版举报热线：010-88191661　QQ：2242791300

编写说明

政府采购是财政支出管理工作的重要内容。2020 年全年，我国的政府采购规模已达 36970.6 亿元，占全国财政支出和 GDP 的比重分别为 10.2% 和 3.6%。随着政府采购规模的不断扩大，相关法律制度体系也日益完善，政府的支出行为和采购的交易机制得到进一步规范。

但也应该看到，在政府采购的执行层面，对具体政策的规则遗漏、理解偏差和操作失范等问题普遍存在。为了向广大政府采购参与方提供更为系统、全面、准确、及时的政策导航服务，服务政府采购的学习和执行，充分发挥政府采购的政策功能作用，我们特组织编写线上线下相结合的《政府采购全解》（以下简称《全解》）和《政府采购实训与练习》（以下简称《实训与练习》）系列。其中：

- 《全解》的主旨是解构政策法规，侧重制度全貌的还原。其线上模块是名为“领阅”的政府采购政策法规库，微信搜索“财税学研”小程序即可访问。其纸质部分由两部分组成：一是政策指引，即按效力、引用率和关联度，将相关法条和规定归集至从采购原理到交易机制再到法律责任的框架体系中；二是实务指引，采用简答、案例题的形式对实际采购工作中的关键节点和注意事项作了列示。全书采用活页式，通过特制的编码方便最新政策的纳入。

- 《实训与练习》的主旨是检测学习成果，侧重专业题库的搭建。其线上模块是名为“磨考”的政府采购在线题库和评测系统，题库扫描正文二维码即可使用，线上模考需以随书激活码登录 zc.cfeph.cn。其纸质部分以学习卡片的形式呈现，正面是单选、多选和判断题的答题区，背面是答案解析和笔记区。和《全解》一样，《实训与练习》的纸质部分也引入了活页的装订形式，在方便读者自主与《全解》内容有机组合的同时，也使“错题本”“收藏夹”等进阶用法成为可能。

需要特别指出的是，《全解》为《实训与练习》提供了政策依据和知识体系，《实训与练习》为《全解》提供了应用场景和考核标准。《全解》和《实训与练习》“双向链接”的结构，确保彼此成为互为表里的完整解决方案，有助于读者进一步提升对政府采购制度的了解、知识的熟悉和实务的把握。

本系列在内容和形式上都做了新的尝试，并形成阶段成果，但由于时间仓促、水平有限，不足之处还望业内专家和广大读者批评指正。

编者

2022 年 5 月

目录

第 1 部分　政策指引

第1部分 政策指引

第1章　基本理论

1.0　概述

《政府采购法》

法律

第四条

政府采购工程进行招标投标的，适用招标投标法。

《政府采购法实施条例》

法规

第七条

政府采购工程以及与工程建设有关的货物、服务，采用招标方式采购的，适用《中华人民共和国招标投标法》及其实施条例；采用其他方式采购的，适用政府采购法及本条例。

前款所称工程，是指建设工程，包括建筑物和构筑物的新建、改建、扩建及其相关的装修、拆除、修缮等；所称与工程建设有关的货物，是指构成工程不可分割的组成部分，且为实现工程基本功能所必需的设备、材料等；所称与工程建设有关的服务，是指为完成工程所需的勘察、设计、监理等服务。

政府采购工程以及与工程建设有关的货物、服务，应当执行政府采购政策。

《政府采购法》

法律

第六条

政府采购应当严格按照批准的预算执行。

第八条

政府采购限额标准，属于中央预算的政府采购项目，由国务院确定并公布；属于地方预算的政府采购项目，由省、自治区、直辖市人民政府或者其授权的机构确定并公布。

第十一条

政府采购的信息应当在政府采购监督管理部门指定的媒体上及时向社会公开发布，但涉及商业秘密的除外。

H3《政府采购法实施条例》

法规

第八条

政府采购项目信息应当在省级以上人民政府财政部门指定的媒体上发布。采购项目预算金额达到国务院财政部门规定标准的，政府采购项目信息应当在国务院财政部门指定的媒体上发布。

H3《政府采购信息发布管理办法》

规章

第四条

政府采购信息发布应当遵循格式规范统一、渠道相对集中、便于查找获得的原则。

第八条

中央预算单位政府采购信息应当在中国政府采购网发布，地方预算单位政府采购信息应当在所在行政区域的中国政府采购网省级分网发布。

除中国政府采购网及其省级分网以外，政府采购信息可以在省级以上财政部门指定的其他媒体同步发布。

第十一条

发布主体应当确保其在不同媒体发布的同一政府采购信息内容一致。

在不同媒体发布的同一政府采购信息内容、时间不一致的，以在中国政府采购网或者其省级分网发布的信息为准。同时在中国政府采购网和省级分网发布的，以在中国政府采购网上发布的信息为准。

H3《财政部关于开展政府采购意向公开工作的通知》

规章

采购意向由预算单位负责公开。中央预算单位的采购意向在中国政府采购网（www. ccgp. gov. cn）中央主网公开，地方预算单位的采购意向在中国政府采购网地方分网公开，采购意向也可在省级以上财政部门指定的其他媒体同步公开。主管预算单位可汇总本部门、本系统所属预算单位的采购意向集中公开，有条件的部门可在其部门门户网站同步公开本部门、本系统的采购意向。

采购意向按采购项目公开。除以协议供货、定点采购方式实施的小额零星采购和由集中采购机构统一组织的批量集中采购外，按项目实施的集中采购目录以内或者采购限额标准以上的货物、工程、服务采购均应当公开采购意向。采购意向公开的内容应当包括采购项目名称、采购需求概况、预算金额、预计采购时间等，政府采购意向公开参考文本见附件。

采购意向由预算单位定期或者不定期公开。部门预算批复前公开的采购意向，以部门预算“二上”内容为依据；部门预算批复后公开的采购意向，以部门预算为依据。预算执行中新增采购项目应当及时公开采购意向。采购意向公开时间应当尽量提前，原则上不得晚于采购活动开始前30日公开采购意向。因预算单位不可预见的原因急需开展的采购项目，可不公开采购意向。

H3《政府采购法实施条例》

法规

第十条

国家实行统一的政府采购电子交易平台建设标准，推动利用信息网络进行电子化政府采购活动。

H3《政府采购法》

法律

第十二条

在政府采购活动中，采购人员及相关人员与供应商有利害关系的，必须回避。供应商认为采购人员及相关人员与其他供应商有利害关系的，可以申请其回避。

前款所称相关人员，包括招标采购中评标委员会的组成人员，竞争性谈判采购中谈判小组的组成人员，询价采购中询价小组的组成人员等。

H3《政府采购法实施条例》

法规

第九条

在政府采购活动中，采购人员及相关人员与供应商有下列利害关系之一的，应当回避：

（一）参加采购活动前 3 年内与供应商存在劳动关系；

（二）参加采购活动前 3 年内担任供应商的董事、监事；

（三）参加采购活动前 3 年内是供应商的控股股东或者实际控制人；

（四）与供应商的法定代表人或者负责人有夫妻、直系血亲、三代以内旁系血亲或者近姻亲关系；

（五）与供应商有其他可能影响政府采购活动公平、公正进行的关系。

供应商认为采购人员及相关人员与其他供应商有利害关系的，可以向采购人或者采购代理机构书面提出回避申请，并说明理由。采购人或者采购代理机构应当及时询问被申请回避人员，有利害关系的被申请回避人员应当回避。

H3《政府采购法》

法律

第十三条

各级人民政府财政部门是负责政府采购监督管理的部门，依法履行对政府采购活动的监督管理职责。

各级人民政府其他有关部门依法履行与政府采购活动有关的监督管理职责。

H1 1.1　政府采购的内容

H3《政府采购法》

法律

第二条

在中华人民共和国境内进行的政府采购适用本法。

本法所称政府采购，是指各级国家机关、事业单位和团体组织，使用财政性资金采购依法制定的集中采购目录以内的或者采购限额标准以上的货物、工程和服务的行为。

政府集中采购目录和采购限额标准依照本法规定的权限制定。

本法所称采购，是指以合同方式有偿取得货物、工程和服务的行为，包括购买、租赁、委托、雇用等。

本法所称货物，是指各种形态和种类的物品，包括原材料、燃料、设备、产品等。

本法所称工程，是指建设工程，包括建筑物和构筑物的新建、改建、扩建、装修、拆除、修缮等。

本法所称服务，是指除货物和工程以外的其他政府采购对象。

H3《政府采购法实施条例》

法规

第二条

财政性资金是指纳入预算管理的资金。

以财政性资金作为还款来源的借贷资金，视同财政性资金。

国家机关、事业单位和团体组织的采购项目既使用财政性资金又使用非财政性资金的，使用财政性资金采购的部分，适用政府采购法及本条例；财政性资金与非财政性资金无法分割采购的，统一适用政府采购法及本条例。

政府采购法第二条所称服务，包括政府自身需要的服务和政府向社会公众提供的公共服务。

H3《政府采购法》

法律

第十条

政府采购应当采购本国货物、工程和服务。但有下列情形之一的除外：

（一）需要采购的货物、工程或者服务在中国境内无法获取或者无法以合理的商业条件获取的；

（二）为在中国境外使用而进行采购的；

（三）其他法律、行政法规另有规定的。

前款所称本国货物、工程和服务的界定，依照国务院有关规定执行。

第七条

政府采购实行集中采购和分散采购相结合。集中采购的范围由省级以上人民政府公布的集中采购目录确定。

属于中央预算的政府采购项目，其集中采购目录由国务院确定并公布；属于地方预算的政府采购项目，其集中采购目录由省、自治区、直辖市人民政府或者其授权的机构确定并公布。

纳入集中采购目录的政府采购项目，应当实行集中采购。

H3《中央预算单位政府集中采购目录及标准（2020年版）》

规章

自2020年1月1日起实施，明确规定了中央预算单位应当由集中采购机构采购的项目目录及相应标准，以及进行部门集中采购和分散采购的要求。

H3《政府采购法实施条例》

法规

第三条

集中采购目录包括集中采购机构采购项目和部门集中采购项目。

技术、服务等标准统一，采购人普遍使用的项目，列为集中采购机构采购项目；采购人本部门、本系统基于业务需要有特殊要求，可以统一采购的项目，列为部门集中采购项目。

第四条

政府采购法所称集中采购，是指采购人将列入集中采购目录的项目委托集中采购机构代理采购或者进行部门集中采购的行为；所称分散采购，是指采购人将采购限额标准以上的未列入集中采购目录的项目自行采购或者委托采购代理机构代理采购的行为。

第五条

省、自治区、直辖市人民政府或者其授权的机构根据实际情况，可以确定分别适用于本行政区域省级、设区的市级、县级的集中采购目录和采购限额标准。

H3
关于印发《中央行政单位通用办公设备家具配置标准》的通知

规章

《通知》要求：中央行政单位通用办公设备家具资产品目、配置数量上限、价格上限、最低使用年限和性能要求等应当按本《通知》执行。

H3
《关于调整优化节能产品、环境标志产品政府采购执行机制的通知》

规章

《通知》要求：政府采购节能产品、环境标志产品实施品目清单管理；依据品目清单和认证证书实施政府优先采购和强制采购；逐步扩大节能产品、环境标志产品认证机构范围；发布认证机构和获证产品信息；加大政府绿色采购力度。

H3
《关于印发节能产品政府采购品目清单的通知》

规章

《通知》要求：节能产品政府采购品目按本《通知》执行。

H3
《关于印发环境标志产品政府采购品目清单的通知》

规章

《通知》要求：环境标志产品政府采购品目按本《通知》执行。

H3
《政府采购进口产品管理办法》

规章

第五条

采购人采购进口产品时，应当坚持有利于本国企业自主创新或消化吸收核心技术的原则，优先购买向我方转让技术、提供培训服务及其他补偿贸易措施的产品。

第七条

采购人需要采购的产品在中国境内无法获取或者无法以合理的商业条件获取，以及法律法规另有规定确需采购进口产品的，应当在获得财政部门核准后，依法开展政府采购活动。

第八条

（确需采购进口产品的）采购人报财政部门审核时，应当出具以下材料：

（一）《政府采购进口产品申请表》（详见附1）；

（二）关于鼓励进口产品的国家法律法规政策文件复印件；

（三）进口产品所属行业的设区的市、自治州以上主管部门出具的《政府采购进口产品所属行业主管部门意见》（详见附2）；

（四）专家组出具的《政府采购进口产品专家论证意见》。

H3《政府购买服务管理办法》

规章

第五条

各级国家机关是政府购买服务的购买主体。

第九条

政府购买服务的内容包括政府向社会公众提供的公共服务，以及政府履职所需辅助性服务。

第十条

以下各项不得纳入政府购买服务范围：

（一）不属于政府职责范围的服务事项；

（二）应当由政府直接履职的事项；

（三）政府采购法律、行政法规规定的货物和工程，以及将工程和服务打包的项目；

（四）融资行为；

（五）购买主体的人员招、聘用，以劳务派遣方式用工，以及设置公益性岗位等事项；

（六）法律、行政法规以及国务院规定的其他不得作为政府购买服务内容的事项。

第十一条

政府购买服务的具体范围和内容实行指导性目录管理，指导性目录依法予以公开。

第十二条

政府购买服务指导性目录在中央和省两级实行分级管理，财政部和省级财政部门分别制定本级政府购买服务指导性目录，各部门在本级指导性目录范围内编制本部门政府购买服务指导性目录。

省级财政部门根据本地区情况确定省以下政府购买服务指导性目录的编制方式和程序。

第十三条

有关部门应当根据经济社会发展实际、政府职能转变和基本公共服务均等化、标准化的要求，编制、调整指导性目录。

编制、调整指导性目录应当充分征求相关部门意见，根据实际需要进行专家论证。

第十四条

纳入政府购买服务指导性目录的服务事项，已安排预算的，可以实施政府购买服务。

H3《涉密政府采购管理暂行办法》

规章

第八条

涉及下列货物的采购项目，可以确定为涉密政府采购项目：

（一）属于国家秘密的产品或者设备；

（二）涉密专用信息设备；

（三）用于纪检监察、检察、公安、保密、机要等部门重要指挥、技术侦查、保密技术监管和秘密工作的专用产品或者设备；

（四）用于保密要害部门、部位保密防护的安全保密产品或者设备；

（五）用于网络保密防护和监管的安全保密产品或者设备；

（六）法律法规和保密事项范围规定的其他涉及国家秘密的货物。

第九条

涉及下列工程的采购项目，可以确定为涉密政府采购项目：

（一）国防战备建设工程和人民防空指挥工程；

（二）武器装备科研生产保密资格单位涉密工作场所建设工程；

（三）国家战略物资和特殊物资储备场所建设工程；

（四）纪检监察、检察、公安、保密、机要等部门重要指挥、技术侦查和特殊工作场所建设工程；

（五）中国人民银行总行、分行发行库建设工程；

（六）保密会议室、屏蔽室等需要按照国家保密标准建设的工程；

（七）法律法规和保密事项范围规定的其他涉及国家秘密的建设工程。

第十条

涉及下列服务的采购项目，可以确定为涉密政府采购项目：

（一）国家秘密载体的制作、复制、维修、维护、销毁；

（二）根据本办法第八条确定的涉密货物的维修、维护、销毁；

（三）涉密信息系统集成有关服务项目；

（四）涉及国家秘密的法律咨询、技术咨询、财务审计等；

（五）法律法规和保密事项范围规定的其他涉及国家秘密的服务。

H3《政府采购促进中小企业发展管理办法》

规章

第六条

主管预算单位应当组织评估本部门及所属单位政府采购项目，统筹制定面向中小企业预留采购份额的具体方案，对适宜由中小企业提供的采购项目和采购包，预留采购份额专门面向中小企业采购，并在政府采购预算中单独列示。

符合下列情形之一的，可不专门面向中小企业预留采购份额：

（一）法律法规和国家有关政策明确规定优先或者应当面向事业单位、社会组织等非企业主体采购的；

（二）因确需使用不可替代的专利、专有技术，基础设施限制，或者提供特定公共服务等原因，只能从中小企业之外的供应商处采购的；

（三）按照本办法规定预留采购份额无法确保充分供应、充分竞争，或者存在可能影响政府采购目标实现的情形；

（四）框架协议采购项目；

（五）省级以上人民政府财政部门规定的其他情形。

除上述情形外，其他均为适宜由中小企业提供的情形。

第七条

采购限额标准以上，200 万元以下的货物和服务采购项目、400 万元以下的工程采购项目，适宜由中小企业提供的，采购人应当专门面向中小企业采购。

第八条

超过200万元的货物和服务采购项目、超过400万元的工程采购项目中适宜由中小企业提供的，预留该部分采购项目预算总额的30%以上专门面向中小企业采购，其中预留给小微企业的比例不低于60%。预留份额通过下列措施进行：

（一）将采购项目整体或者设置采购包专门面向中小企业采购；

（二）要求供应商以联合体形式参加采购活动，且联合体中中小企业承担的部分达到一定比例；

（三）要求获得采购合同的供应商将采购项目中的一定比例分包给一家或者多家中小企业。

组成联合体或者接受分包合同的中小企业与联合体内其他企业、分包企业之间不得存在直接控股、管理关系。

1.2　政府采购的功能

《政府采购法》

法律

第九条

政府采购应当有助于实现国家的经济和社会发展政策目标，包括保护环境，扶持不发达地区和少数民族地区，促进中小企业发展等。

《政府采购法实施条例》

法规

第六条

国务院财政部门应当根据国家的经济和社会发展政策，会同国务院有关部门制定政府采购政策，通过制定采购需求标准、预留采购份额、价格评审优惠、优先采购等措施，实现节约能源、保护环境、扶持不发达地区和少数民族地区、促进中小企业发展等目标。

《政府采购货物和服务招标投标管理办法》

规章

第五条

采购人应当在货物服务招标投标活动中落实节约能源、保护环境、扶持不发达地区和少数民族地区、促进中小企业发展等政府采购政策。

《政府采购促进中小企业发展管理办法》

规章

第三条

采购人在政府采购活动中应当通过加强采购需求管理，落实预留采购份额、价格评审优惠、优先采购等措施，提高中小企业在政府采购中的份额，支持中小企业发展。

《涉密政府采购管理暂行办法》

规章

第五条

采购人应当在涉密政府采购活动中落实节约资源、保护环境、促进中小企业发展、支持创新等政府采购政策。

1.3 政府采购的目标与原则

《政府采购法》

法律

第三条

政府采购应当遵循公开透明原则、公平竞争原则、公正原则和诚实信用原则。

第五条

任何单位和个人不得采用任何方式，阻挠和限制供应商自由进入本地区和本行业的政府采购市场。

H3《政府购买服务管理办法》

规章

第三条

政府购买服务应当遵循预算约束、以事定费、公开择优、诚实信用、讲求绩效原则。

第十五条

政府购买服务应当突出公共性和公益性，重点考虑、优先安排与改善民生密切相关，有利于转变政府职能、提高财政资金绩效的项目。

政府购买的基本公共服务项目的服务内容、水平、流程等标准要素，应当符合国家基本公共服务标准相关要求。

H3《涉密政府采购管理暂行办法》

规章

第四条

涉密政府采购项目管理应当坚持谁采购谁负责、依法确定、公平竞争、全程监管、确保安全原则。

第2章　采购当事人

H1 2.0　概述

H3《政府采购法》

法律

第十四条

政府采购当事人是指在政府采购活动中享有权利和承担义务的各类主体，包括采购人、供应商和采购代理机构等。

H1 2.1　采购人

H3《政府采购法》

法律

第十五条

采购人是指依法进行政府采购的国家机关、事业单位、团体组织。

H3《政府采购法实施条例》

法规

第十一条

采购人在政府采购活动中应当维护国家利益和社会公共利益，公正廉洁，诚实守信，执行政府采购政策，建立政府采购内部管理制度，厉行节约，科学合理确定采购需求。

采购人不得向供应商索要或者接受其给予的赠品、回扣或者与采购无关的其他商品、服务。

第十五条

采购人、采购代理机构应当根据政府采购政策、采购预算、采购需求编制采购文件。

采购需求应当符合法律法规以及政府采购政策规定的技术、服务、安全等要求。政府向社会公众提供的公共服务项目，应当就确定采购需求征求社会公众的意见。除因技术复杂或者性质特殊，不能确定详细规格或者具体要求外，采购需求应当完整、明确。必要时，应当就确定采购需求征求相关供应商、专家的意见。

《政府采购货物和服务招标投标管理办法》

规章

第六条

采购人应当按照行政事业单位内部控制规范要求，建立健全本单位政府采购内部控制制度，在编制政府采购预算和实施计划、确定采购需求、组织采购活动、履约验收、答复询问质疑、配合投诉处理及监督检查等重点环节加强内部控制管理。

采购人不得向供应商索要或者接受其给予的赠品、回扣或者与采购无关的其他商品、服务。

《政府采购代理机构管理暂行办法》

规章

第十二条

采购人应当根据项目特点、代理机构专业领域和综合信用评价结果，从名录中自主择优选择代理机构。

任何单位和个人不得以摇号、抽签、遴选等方式干预采购人自行选择代理机构。

《政府采购评审专家管理办法》

规章

第十二条

采购人或者采购代理机构应当从省级以上人民政府财政部门设立的评审专家库中随机抽取评审专家。

评审专家库中相关专家数量不能保证随机抽取需要的，采购人或者采购代理机构可以推荐符合条件的人员，经审核选聘入库后再随机抽取使用。

第十三条

技术复杂、专业性强的采购项目，通过随机方式难以确定合适评审专家的，经主管预算单位同意，采购人可以自行选定相应专业领域的评审专家。

自行选定评审专家的，应当优先选择本单位以外的评审专家。

第十四条

除采用竞争性谈判、竞争性磋商方式采购，以及异地评审的项目外，采购人或者采购代理机构抽取评审专家的开始时间原则上不得早于评审活动开始前2个工作日。

第十五条

采购人或者采购代理机构应当在评审活动开始前宣布评审工作纪律，并将记载评审工作纪律的书面文件作为采购文件一并存档。

H3《政府采购非招标采购方式管理办法》

规章

第六条

采购人、采购代理机构应当按照政府采购法和本办法的规定组织开展非招标采购活动，并采取必要措施，保证评审在严格保密的情况下进行。

任何单位和个人不得非法干预、影响评审过程和结果。

H3《政府采购需求管理办法》

规章

第五条

采购人对采购需求管理负有主体责任，按照本办法的规定开展采购需求管理各项工作，对采购需求和采购实施计划的合法性、合规性、合理性负责。主管预算单位负责指导本部门采购需求管理工作。

第四条

采购需求管理应当遵循科学合理、厉行节约、规范高效、权责清晰的原则。

第六条

本办法所称采购需求，是指采购人为实现项目目标，拟采购的标的及其需要满足的技术、商务要求。

技术要求是指对采购标的的功能和质量要求，包括性能、材料、结构、外观、安全，或者服务内容和标准等。

商务要求是指取得采购标的的时间、地点、财务和服务要求，包括交付（实施）的时间（期限）和地点（范围），付款条件（进度和方式），包装和运输，售后服务，保险等。

第七条

采购需求应当符合法律法规、政府采购政策和国家有关规定，符合国家强制性标准，遵循预算、资产和财务等相关管理制度规定，符合采购项目特点和实际需要。

采购需求应当依据部门预算（工程项目概预算）确定。

第八条

确定采购需求应当明确实现项目目标的所有技术、商务要求，功能和质量指标的设置要充分考虑可能影响供应商报价和项目实施风险的因素。

第九条

采购需求应当清楚明了、表述规范、含义准确。

技术要求和商务要求应当客观，量化指标应当明确相应等次，有连续区间的按照区间划分等次。需由供应商提供设计方案、解决方案或者组织方案的采购项目，应当说明采购标的的功能、应用场景、目标等基本要求，并尽可能明确其中的客观、量化指标。

采购需求可以直接引用相关国家标准、行业标准、地方标准等标准、规范，也可以根据项目目标提出更高的技术要求。

第十条

采购人可以在确定采购需求前，通过咨询、论证、问卷调查等方式开展需求调查，了解相关产业发展、市场供给、同类采购项目历史成交信息，可能涉及的运行维护、升级更新、备品备件、耗材等后续采购，以及其他相关情况。

面向市场主体开展需求调查时，选择的调查对象一般不少于 3 个，并应当具有代表性。

第十一条

对于下列采购项目，应当开展需求调查：

（一）1000 万元以上的货物、服务采购项目，3000 万元以上的工程采购项目；

（二）涉及公共利益、社会关注度较高的采购项目，包括政府向社会公众提供的公共服务项目等；

（三）技术复杂、专业性较强的项目，包括需定制开发的信息化建设项目、采购进口产品的项目等；

（四）主管预算单位或者采购人认为需要开展需求调查的其他采购项目。

编制采购需求前一年内，采购人已就相关采购标的开展过需求调查的可以不再重复开展。

按照法律法规的规定，对采购项目开展可行性研究等前期工作，已包含本办法规定的需求调查内容的，可以不再重复调查；对在可行性研究等前期工作中未涉及的部分，应当按照本办法的规定开展需求调查。

第十二条

本办法所称采购实施计划，是指采购人围绕实现采购需求，对合同的订立和管理所做的安排。

采购实施计划根据法律法规、政府采购政策和国家有关规定，结合采购需求的特点确定。

第十三条

采购实施计划主要包括以下内容：

（一）合同订立安排，包括采购项目预（概）算、最高限价，开展采购活动的时间安排，采购组织形式和委托代理安排，采购包划分与合同分包，供应商资格条件，采购方式、竞争范围和评审规则等。

（二）合同管理安排，包括合同类型、定价方式、合同文本的主要条款、履约验收方案、风险管控措施等。

第十四条

采购人应当通过确定供应商资格条件、设定评审规则等措施，落实支持创新、绿色发展、中小企业发展等政府采购政策功能。

第十五条

采购人要根据采购项目实施的要求，充分考虑采购活动所需时间和可能影响采购活动进行的因素，合理安排采购活动实施时间。

第十六条

采购人采购纳入政府集中采购目录的项目，必须委托集中采购机构采购。政府集中采购目录以外的项目可以自行采购，也可以自主选择委托集中采购机构，或者集中采购机构以外的采购代理机构采购。

第十七条

采购人要按照有利于采购项目实施的原则，明确采购包或者合同分包要求。

采购项目划分采购包的，要分别确定每个采购包的采购方式、竞争范围、评审规则和合同类型、合同文本、定价方式等相关合同订立、管理安排。

第十八条

根据采购需求特点提出的供应商资格条件，要与采购标的的功能、质量和供应商履约能力直接相关，且属于履行合同必需的条件，包括特定的专业资格或者技术资格、设备设施、业绩情况、专业人才及其管理能力等。

业绩情况作为资格条件时，要求供应商提供的同类业务合同一般不超过 2 个，并明确同类业务的具体范围。涉及政府采购政策支持的创新产品采购的，不得提出同类业务合同、生产台数、使用时长等业绩要求。

第二十七条

采购人应当将采购需求管理作为政府采购内控管理的重要内容，建立健全采购需求管理制度，加强对采购需求的形成和实现过程的内部控制和风险管理。

第二十八条

采购人可以自行组织确定采购需求和编制采购实施计划，也可以委托采购代理机构或者其他第三方机构开展。

第二十九条

采购人应当建立审查工作机制，在采购活动开始前，针对采购需求管理中的重点风险事项，对采购需求和采购实施计划进行审查，审查分为一般性审查和重点审查。

对于审查不通过的，应当修改采购需求和采购实施计划的内容并重新进行审查。

第三十条

一般性审查主要审查是否按照本办法规定的程序和内容确定采购需求、编制采购实施计划。审查内容包括，采购需求是否符合预算、资产、财务等管理制度规定；对采购方式、评审规则、合同类型、定价方式的选择是否说明适用理由；属于按规定需要报相关监管部门批准、核准的事项，是否作出相关安排；采购实施计划是否完整。

第三十一条

重点审查是在一般性审查的基础上，进行以下审查：

（一）非歧视性审查。主要审查是否指向特定供应商或者特定产品，包括资格条件设置是否合理，要求供应商提供超过 2 个同类业务合同的，是否具有合理性；技术要求是否指向特定的专利、商标、品牌、技术路线等；评审因素设置是否具有倾向性，将有关履约能力作为评审因素是否适当。

（二）竞争性审查。主要审查是否确保充分竞争，包括应当以公开方式邀请供应商的，是否依法采用公开竞争方式；采用单一来源采购方式的，是否符合法定情形；采购需求的内容是否完整、明确，是否考虑后续采购竞争性；评审方法、评审因素、价格权重等评审规则是否适当。

（三）采购政策审查。主要审查进口产品的采购是否必要，是否落实支持创新、绿色发展、中小企业发展等政府采购政策要求。

（四）履约风险审查。主要审查合同文本是否按规定由法律顾问审定，合同文本运用是否适当，是否围绕采购需求和合同履行设置权利义务，是否明确知识产权等方面的要求，履约验收方案是否完整、标准是否明确，风险处置措施和替代方案是否可行。

（五）采购人或者主管预算单位认为应当审查的其他内容。

第三十二条

审查工作机制成员应当包括本部门、本单位的采购、财务、业务、监督等内部机构。采购人可以根据本单位实际情况，建立相关专家和第三方机构参与审查的工作机制。

参与确定采购需求和编制采购实施计划的专家和第三方机构不得参与审查。

第三十三条

一般性审查和重点审查的具体采购项目范围，由采购人根据实际情况确定。主管预算单位可以根据本部门实际情况，确定由主管预算单位统一组织重点审查的项目类别或者金额范围。

属于本办法第十一条规定范围的采购项目，应当开展重点审查。

第三十四条

采购需求和采购实施计划的调查、确定、编制、审查等工作应当形成书面记录并存档。

采购文件应当按照审核通过的采购需求和采购实施计划编制。

H1 2.2　供应商

H3《政府采购法》

法律

第二十一条

供应商是指向采购人提供货物、工程或者服务的法人、其他组织或者自然人。

第二十二条

供应商参加政府采购活动应当具备下列条件：

（一）具有独立承担民事责任的能力；

（二）具有良好的商业信誉和健全的财务会计制度；

（三）具有履行合同所必需的设备和专业技术能力；

（四）有依法缴纳税收和社会保障资金的良好记录；

（五）参加政府采购活动前三年内，在经营活动中没有重大违法记录；

（六）法律、行政法规规定的其他条件。

采购人可以根据采购项目的特殊要求，规定供应商的特定条件，但不得以不合理的条件对供应商实行差别待遇或者歧视待遇。

第二十三条

采购人可以要求参加政府采购的供应商提供有关资质证明文件和业绩情况，并根据本法规定的供应商条件和采购项目对供应商的特定要求，对供应商的资格进行审查。

第二十四条

两个以上的自然人、法人或者其他组织可以组成一个联合体，以一个供应商的身份共同参加政府采购。

以联合体形式进行政府采购的，参加联合体的供应商均应当具备本法第二十二条规定的条件，并应当向采购人提交联合协议，载明联合体各方承担的工作和义务。联合体各方应当共同与采购人签订采购合同，就采购合同约定的事项对采购人承担连带责任。

第二十五条

政府采购当事人不得相互串通损害国家利益、社会公共利益和其他当事人的合法权益；不得以任何手段排斥其他供应商参与竞争。

供应商不得以向采购人、采购代理机构、评标委员会的组成人员、竞争性谈判小组的组成人员、询价小组的组成人员行贿或者采取其他不正当手段谋取中标或者成交。

采购代理机构不得以向采购人行贿或者采取其他不正当手段谋取非法利益。

《政府采购法实施条例》

法规

第十七条

参加政府采购活动的供应商应当具备政府采购法第二十二条第一款规定的条件，提供下列材料：

（一）法人或者其他组织的营业执照等证明文件，自然人的身份证明；

（二）财务状况报告，依法缴纳税收和社会保障资金的相关材料；

（三）具备履行合同所必需的设备和专业技术能力的证明材料；

（四）参加政府采购活动前 3 年内在经营活动中没有重大违法记录的书面声明；

（五）具备法律、行政法规规定的其他条件的证明材料。

采购项目有特殊要求的，供应商还应当提供其符合特殊要求的证明材料或者情况说明。

第十八条

单位负责人为同一人或者存在直接控股、管理关系的不同供应商，不得参加同一合同项下的政府采购活动。

除单一来源采购项目外，为采购项目提供整体设计、规范编制或者项目管理、监理、检测等服务的供应商，不得再参加该采购项目的其他采购活动。

第十九条

政府采购法第二十二条第一款第五项所称重大违法记录，是指供应商因违法经营受到刑事处罚或者责令停产停业、吊销许可证或者执照、较大数额罚款等行政处罚。

供应商在参加政府采购活动前 3 年内因违法经营被禁止在一定期限内参加政府采购活动，期限届满的，可以参加政府采购活动。

第二十二条

联合体中有同类资质的供应商按照联合体分工承担相同工作的，应当按照资质等级较低的供应商确定资质等级。

以联合体形式参加政府采购活动的，联合体各方不得再单独参加或者与其他供应商另外组成联合体参加同一合同项下的政府采购活动。

H3《政府采购货物和服务招标投标管理办法》

规章

第七条

采购人应当按照财政部制定的《政府采购品目分类目录》确定采购项目属性。按照《政府采购品目分类目录》无法确定的，按照有利于采购项目实施的原则确定。

第九条

未纳入集中采购目录的政府采购项目，采购人可以自行招标，也可以委托采购代理机构在委托的范围内代理招标。

采购人自行组织开展招标活动的，应当符合下列条件：

（一）有编制招标文件、组织招标的能力和条件；

（二）有与采购项目专业性相适应的专业人员。

第十条

采购人应当对采购标的的市场技术或者服务水平、供应、价格等情况进行市场调查，根据调查情况、资产配置标准等科学、合理地确定采购需求，进行价格测算。

第十一条

采购需求应当完整、明确，包括以下内容：

（一）采购标的需实现的功能或者目标，以及为落实政府采购政策需满足的要求；

（二）采购标的需执行的国家相关标准、行业标准、地方标准或者其他标准、规范；

（三）采购标的需满足的质量、安全、技术规格、物理特性等要求；

（四）采购标的的数量、采购项目交付或者实施的时间和地点；

（五）采购标的需满足的服务标准、期限、效率等要求；

（六）采购标的的验收标准；

（七）采购标的的其他技术、服务等要求。

第十二条

采购人根据价格测算情况，可以在采购预算额度内合理设定最高限价，但不得设定最低限价。

第十五条

资格预审公告应当包括以下主要内容：

（一）本办法第十三条第一至四项、第六项和第八项内容；

（二）获取资格预审文件的时间期限、地点、方式；

（三）提交资格预审申请文件的截止时间、地点及资格预审日期。

第十六条

招标公告、资格预审公告的公告期限为5个工作日。公告内容应当以省级以上财政部门指定媒体发布的公告为准。公告期限自省级以上财政部门指定媒体最先发布公告之日起算。

2.3　采购代理机构

《政府采购法》

法律

第十六条

集中采购机构为采购代理机构。设区的市、自治州以上人民政府根据本级政府采购项目组织集中采购的需要设立集中采购机构。

集中采购机构是非营利事业法人，根据采购人的委托办理采购事宜。

《政府采购法实施条例》

法规

第十二条

政府采购法所称采购代理机构，是指集中采购机构和集中采购机构以外的采购代理机构。

集中采购机构是设区的市级以上人民政府依法设立的非营利事业法人，是代理集中采购项目的执行机构。集中采购机构应当根据采购人委托制定集中采购项目的实施方案，明确采购规程，组织政府采购活动，不得将集中采购项目转委托。集中采购机构以外的采购代理机构，是从事采购代理业务的社会中介机构。

《政府采购法》

法律

第十七条

集中采购机构进行政府采购活动，应当符合采购价格低于市场平均价格、采购效率更高、采购质量优良和服务良好的要求。

第十八条

采购人采购纳入集中采购目录的政府采购项目，必须委托集中采购机构代理采购；采购未纳入集中采购目录的政府采购项目，可以自行采购，也可以委托集中采购机构在委托的范围内代理采购。

纳入集中采购目录属于通用的政府采购项目的，应当委托集中采购机构代理采购；属于本部门、本系统有特殊要求的项目，应当实行部门集中采购；属于本单位有特殊要求的项目，经省级以上人民政府批准，可以自行采购。

第十九条

采购人可以委托集中采购机构以外的采购代理机构，在委托的范围内办理政府采购事宜。

采购人有权自行选择采购代理机构，任何单位和个人不得以任何方式为采购人指定采购代理机构。

第二十条

采购人依法委托采购代理机构办理采购事宜的，应当由采购人与采购代理机构签订委托代理协议，依法确定委托代理的事项，约定双方的权利义务。

H3《政府采购法实施条例》

法规

第十三条

采购代理机构应当建立完善的政府采购内部监督管理制度，具备开展政府采购业务所需的评审条件和设施。

采购代理机构应当提高确定采购需求，编制招标文件、谈判文件、询价通知书，拟订合同文本和优化采购程序的专业化服务水平，根据采购人委托在规定的时间内及时组织采购人与中标或者成交供应商签订政府采购合同，及时协助采购人对采购项目进行验收。

第十四条

采购代理机构不得以不正当手段获取政府采购代理业务，不得与采购人、供应商恶意串通操纵政府采购活动。

采购代理机构工作人员不得接受采购人或者供应商组织的宴请、旅游、娱乐，不得收受礼品、现金、有价证券等，不得向采购人或者供应商报销应当由个人承担的费用。

H3《政府采购代理机构管理暂行办法》

规章

第六条

代理机构实行名录登记管理。省级财政部门依托中国政府采购网省级分网（以下简称省级分网）建立政府采购代理机构名录（以下简称名录）。名录信息全国共享并向社会公开。

第七条

代理机构应当通过工商登记注册地（以下简称注册地）省级分网填报以下信息申请进入名录，并承诺对信息真实性负责：

（一）代理机构名称、统一社会信用代码、办公场所地址、联系电话等机构信息；

（二）法定代表人及专职从业人员有效身份证明等个人信息；

（三）内部监督管理制度；

（四）在自有场所组织评审工作的，应当提供评审场所地址、监控设备设施情况；

（五）省级财政部门要求提供的其他材料。

登记信息发生变更的，代理机构应当在信息变更之日起10个工作日内自行更新。

第八条

代理机构登记信息不完整的，财政部门应当及时告知其完善登记资料；代理机构登记信息完整清晰的，财政部门应当及时为其开通相关政府采购管理交易系统信息发布、专家抽取等操作权限。

第九条

代理机构在其注册地省级行政区划以外从业的，应当向从业地财政部门申请开通政府采购管理交易系统相关操作权限，从业地财政部门不得要求其重复提交登记材料，不得强制要求其在从业地设立分支机构。

第十一条

代理机构代理政府采购业务应当具备以下条件：

（一）具有独立承担民事责任的能力；

（二）建立完善的政府采购内部监督管理制度；

（三）拥有不少于5名熟悉政府采购法律法规、具备编制采购文件和组织采购活动等相应能力的专职从业人员；

（四）具备独立办公场所和代理政府采购业务所必需的办公条件；

（五）在自有场所组织评审工作的，应当具备必要的评审场地和录音录像等监控设备设施并符合省级人民政府规定的标准。

2.4　监督管理机关

《政府采购评审专家管理办法》

规章

第四条

财政部负责制定全国统一的评审专家专业分类标准和评审专家库建设标准，建设管理国家评审专家库。

省级人民政府财政部门负责建设本地区评审专家库并实行动态管理，与国家评审专家库互联互通、资源共享。

各级人民政府财政部门依法履行对评审专家的监督管理职责。

第九条

省级以上人民政府财政部门对申请人提交的申请材料、申报的评审专业和信用信息进行审核，符合条件的选聘为评审专家，纳入评审专家库管理。

《政府采购代理机构管理暂行办法》

规章

第四条

各级人民政府财政部门（以下简称财政部门）依法对代理机构从事政府采购代理业务进行监督管理。

第五条

财政部门应当加强对代理机构的政府采购业务培训，不断提高代理机构专业化水平。鼓励社会力量开展培训，增强代理机构业务能力。

第十七条

财政部门负责组织开展代理机构综合信用评价工作。采购人、供应商和评审专家根据代理机构的从业情况对代理机构的代理活动进行综合信用评价。综合信用评价结果应当全国共享。

第十九条

财政部门应当建立健全定向抽查和不定向抽查相结合的随机抽查机制。对存在违法违规线索的政府采购项目开展定向检查；对日常监管事项，通过随机抽取检查对象、随机选派执法检查人员等方式开展不定向检查。

财政部门可以根据综合信用评价结果合理优化对代理机构的监督检查频次。

2.5　其他当事人

《政府采购法实施条例》

法规

第三十九条

除国务院财政部门规定的情形外，采购人或者采购代理机构应当从政府采购评审专家库中随机抽取评审专家。

第四十条

政府采购评审专家应当遵守评审工作纪律，不得泄露评审文件、评审情况和评审中获悉的商业秘密。

评标委员会、竞争性谈判小组或者询价小组在评审过程中发现供应商有行贿、提供虚假材料或者串通等违法行为的，应当及时向财政部门报告。

政府采购评审专家在评审过程中受到非法干预的，应当及时向财政、监察等部门举报。

第四十一条

评标委员会、竞争性谈判小组或者询价小组成员应当按照客观、公正、审慎的原则，根据采购文件规定的评审程序、评审方法和评审标准进行独立评审。采购文件内容违反国家有关强制性规定的，评标委员会、竞争性谈判小组或者询价小组应当停止评审并向采购人或者采购代理机构说明情况。

评标委员会、竞争性谈判小组或者询价小组成员应当在评审报告上签字，对自己的评审意见承担法律责任。对评审报告有异议的，应当在评审报告上签署不同意见，并说明理由，否则视为同意评审报告。

《政府采购评审专家管理办法》

规章

第二条

本办法所称评审专家，是指经省级以上人民政府财政部门选聘，以独立身份参加政府采购评审，纳入评审专家库管理的人员。

第三条

评审专家实行统一标准、管用分离、随机抽取的管理原则。

第五条

省级以上人民政府财政部门通过公开征集、单位推荐和自我推荐相结合的方式选聘评审专家。

第六条

评审专家应当具备以下条件：

（一）具有良好的职业道德，廉洁自律，遵纪守法，无行贿、受贿、欺诈等不良信用记录；

（二）具有中级专业技术职称或同等专业水平且从事相关领域工作满 8 年，或者具有高级专业技术职称或同等专业水平；

（三）熟悉政府采购相关政策法规；

（四）承诺以独立身份参加评审工作，依法履行评审专家工作职责并承担相应法律责任的中国公民；

（五）不满 70 周岁，身体健康，能够承担评审工作；

（六）申请成为评审专家前三年内，无本办法第二十九条规定的不良行为记录。

对评审专家数量较少的专业，前款第（二）项、第（五）项所列条件可以适当放宽。

《政府采购非招标采购方式管理办法》

规章

第十六条

谈判小组、询价小组在对响应文件的有效性、完整性和响应程度进行审查时，可以要求供应商对响应文件中含义不明确、同类问题表述不一致或者有明显文字和计算错误的内容等作出必要的澄清、说明或者更正。供应商的澄清、说明或者更正不得超出响应文件的范围或者改变响应文件的实质性内容。

谈判小组、询价小组要求供应商澄清、说明或者更正响应文件应当以书面形式作出。供应商的澄清、说明或者更正应当由法定代表人或其授权代表签字或者加盖公章。由授权代表签字的，应当附法定代表人授权书。供应商为自然人的，应当由本人签字并附身份证明。

第十七条

谈判小组、询价小组应当根据评审记录和评审结果编写评审报告，其主要内容包括：

（一）邀请供应商参加采购活动的具体方式和相关情况，以及参加采购活动的供应商名单；

（二）评审日期和地点，谈判小组、询价小组成员名单；

（三）评审情况记录和说明，包括对供应商的资格审查情况、供应商响应文件评审情况、谈判情况、报价情况等；

（四）提出的成交候选人的名单及理由。

评审报告应当由谈判小组、询价小组全体人员签字认可。谈判小组、询价小组成员对评审报告有异议的，谈判小组、询价小组按照少数服从多数的原则推荐成交候选人，采购程序继续进行。对评审报告有异议的谈判小组、询价小组成员，应当在报告上签署不同意见并说明理由，由谈判小组、询价小组书面记录相关情况。谈判小组、询价小组成员拒绝在报告上签字又不书面说明其不同意见和理由的，视为同意评审报告。

第3章 采购方式与程序

H1 3.1 分类与适用

H3《政府采购法》

法律

第二十六条

政府采购采用以下方式：

（一）公开招标；

（二）邀请招标；

（三）竞争性谈判；

（四）单一来源采购；

（五）询价；

（六）国务院政府采购监督管理部门认定的其他采购方式。

公开招标应作为政府采购的主要采购方式。

第三十三条

负有编制部门预算职责的部门在编制下一财政年度部门预算时，应当将该财政年度政府采购的项目及资金预算列出，报本级财政部门汇总。部门预算的审批，按预算管理权限和程序进行。

第四十一条

采购人或者其委托的采购代理机构应当组织对供应商履约的验收。大型或者复杂的政府采购项目，应当邀请国家认可的质量检测机构参加验收工作。验收方成员应当在验收书上签字，并承担相应的法律责任。

第四十二条

采购人、采购代理机构对政府采购项目每项采购活动的采购文件应当妥善保存，不得伪造、变造、隐匿或者销毁。采购文件的保存期限为从采购结束之日起至少保存十五年。

采购文件包括采购活动记录、采购预算、招标文件、投标文件、评标标准、评估报告、定标文件、合同文本、验收证明、质疑答复、投诉处理决定及其他有关文件、资料。

采购活动记录至少应当包括下列内容：

（一）采购项目类别、名称；

（二）采购项目预算、资金构成和合同价格；

（三）采购方式，采用公开招标以外的采购方式的，应当载明原因；

（四）邀请和选择供应商的条件及原因；

（五）评标标准及确定中标人的原因；

（六）废标的原因；

（七）采用招标以外采购方式的相应记载。

H3《政府采购法实施条例》

法规

第二十四条

列入集中采购目录的项目，适合实行批量集中采购的，应当实行批量集中采购，但紧急的小额零星货物项目和有特殊要求的服务、工程项目除外。

第二十五条

政府采购工程依法不进行招标的，应当依照政府采购法和本条例规定的竞争性谈判或者单一来源采购方式采购。

第二十八条

在一个财政年度内，采购人将一个预算项目下的同一品目或者类别的货物、服务采用公开招标以外的方式多次采购，累计资金数额超过公开招标数额标准的，属于以化整为零方式规避公开招标，但项目预算调整或者经批准采用公开招标以外方式采购除外。

第二十九条

采购人应当根据集中采购目录、采购限额标准和已批复的部门预算编制政府采购实施计划，报本级人民政府财政部门备案。

第三十条

采购人或者采购代理机构应当在招标文件、谈判文件、询价通知书中公开采购项目预算金额。

第三十八条

达到公开招标数额标准，符合政府采购法第三十一条第一项规定情形，只能从唯一供应商处采购的，采购人应当将采购项目信息和唯一供应商名称在省级以上人民政府财政部门指定的媒体上公示，公示期不得少于5个工作日。

H3《政府采购非招标采购方式管理办法》

规章

第二条

采购人、采购代理机构采用非招标采购方式采购货物、工程和服务的，适用本办法。本办法所称非招标采购方式，是指竞争性谈判、单一来源采购和询价采购方式。

竞争性谈判是指谈判小组与符合资格条件的供应商就采购货物、工程和服务事宜进行谈判，供应商按照谈判文件的要求提交响应文件和最后报价，采购人从谈判小组提出的成交候选人中确定成交供应商的采购方式。

单一来源采购是指采购人从某一特定供应商处采购货物、工程和服务的采购方式。

询价是指询价小组向符合资格条件的供应商发出采购货物询价通知书，要求供应商一次报出不得更改的价格，采购人从询价小组提出的成交候选人中确定成交供应商的采购方式。

H3《中央单位政府采购管理实施办法》

规章

第十条

中央单位政府采购工作应当实行内部统一管理，建立和完善内部监督制约机制。主管部门的财务（资金）管理机构具体负责本部门、本系统政府采购的执行性管理。

第十一条

中央单位政府采购管理的主要内容是：政府集中采购目录和部门集中采购项目及采购限额标准的确定；政府采购预算的编制；政府采购实施计划的制定；采购组织形式和采购方式的确定；采购活动的实施；中标或成交供应商的确定；采购合同的签订和履约验收；采购资金的支付与结算；采购文件的保存以及采购统计的编报等。

第十三条

中央单位政府采购信息应当按照法律、行政法规和财政部有关规定，首先在财政部指定的政府采购信息发布媒体上公告。必须公告的政府采购信息包括：招标公告、中标或成交结果，主管部门制定的政府采购实施办法，集中采购机构承办的招标公告、中标或成交结果和有关操作性文件。

第十四条

政府采购的评审专家的确定，应当按照《政府采购评审专家管理办法》规定，从财政部建立的中央单位政府采购评审专家库中抽取。

第十五条

政府采购备案和审批管理，是指财政部对中央单位、集中采购机构及其他采购代理机构按规定以文件形式报送备案、审批的有关政府采购文件或采购活动事项，依法予以备案或审批的管理行为。

财政部负责政府采购工作的机构具体办理政府采购备案和审批事宜。

第十六条

除财政部另有规定外，备案事项不需要财政部回复意见。

下列事项应当报财政部备案：

（一）主管部门制定的本部门、本系统有关政府采购的实施办法；

（二）部门预算追加应当补报的政府采购预算、已经批复政府采购预算的变更；

（三）政府采购实施计划、主管部门增加的部门集中采购项目；

（四）经财政部批准，采用公开招标以外采购方式的执行情况；

（五）集中采购招标公告、集中采购机构制定的采购项目操作方案，以及集中采购机构组织的协议供货、定点采购协议书副本；

（六）政府采购项目的合同副本；

（七）法律、行政法规规定其他需要备案的事项。

第十七条

审批事项应当经财政部依法批准后才能组织实施。

下列事项应当报财政部审批：

（一）因特殊情况对达到公开招标数额标准的采购项目需要采用公开招标以外的采购方式的；

（二）因特殊情况需要采购非本国货物、工程或服务的；

（三）集中采购机构组织实施协议供货采购、定点采购，其实施方案、招标文件、操作文件、中标结果、协议内容需要变更的；

（四）集中采购机构制定的操作规程；

（五）政府集中采购的协议供货协议书、定点采购协议书和财政直接支付项目采购合同的变更，涉及支付金额的；

（六）法律、行政法规规定其他需要审批的事项。

第十八条

备案和审批事项由主管部门、集中采购机构或其他政府采购代理机构依照有关规定向财政部报送。

第十九条

在备案和审批管理中，财政部可以根据管理需要，将对二级预算单位和基层预算单位的备案或审批管理权限授予其主管部门办理，但法律、行政法规规定应当由财政部负责备案和审批的事项除外。

第二十条

中央单位在编制下一财政年度部门预算时，应当将该财政年度政府采购项目及资金预算在政府采购预算表中单列，按程序逐级上报主管部门。主管部门审核汇总后报财政部。

年度政府采购项目按国务院颁发的年度中央预算单位政府集中采购目录及采购限额标准执行。

第二十一条

财政部对部门预算中的政府采购预算进行审核，并随部门预算批复各主管部门执行。

第二十二条

主管部门应当按照财政部批复的部门预算，分别制定政府集中采购、部门集中采购实施计划。

政府集中采购实施计划，是指主管部门将本部门、本系统属于政府集中采购目录中的采购项目，按照项目构成、使用单位、采购数量、技术规格、使用时间等内容编制的具体采购计划。

部门集中采购实施计划，是指主管部门根据部门集中采购项目和本部门实际，依法制定的部门集中采购项目的具体采购计划。

第二十三条

主管部门应当自接到财政部下达的部门预算之日起40个工作日内，将政府集中采购实施计划和部门集中采购实施计划报财政部备案，并将政府集中采购实施计划抄送集中采购机构组织采购。

第二十四条

中央单位按照预算管理程序调整或补报政府采购预算的，应当及时调整政府集中采购实施计划或部门集中采购实施计划。

第二十五条

未列入政府采购预算、未办理预算调整或补报手续的政府采购项目，不得实施采购。

第二十六条

中央单位应当将属于政府集中采购目录内的项目，委托集中采购机构代理采购。

第二十七条

中央单位与集中采购机构应当在集中采购开始前签订委托代理协议，明确委托的事项、双方的权利与义务。委托代理协议应当具体确定双方在编制采购文件、确定评标办法与中标标准、组建评标委员会、评标、定标等方面的权利和义务。

中央单位按照自愿原则，可就确定中标人、签订合同、验收等事项委托集中采购机构办理。

集中采购委托代理协议可以按项目签订，也可以按年度签订一揽子协议，具体项目有特殊要求的，再另行签订补充协议。

第二十八条

在政府集中采购实施过程中，集中采购机构应当按照有关规定和委托代理协议约定开展采购活动。

第二十九条

集中采购机构应当坚持规范与效率相结合原则，做好代理采购项目的具体采购工作。其工作人员不得参与、干预或影响具体评标、谈判和询价工作。

第三十条

集中采购机构应当自接到中央单位项目委托后40日内确定中标、成交供应商。经财政部批准采用非招标采购方式进行的紧急采购，应当在15日内确定中标、成交供应商。

第三十一条

协议供货采购、定点采购的采购结果（包括中标产品、配置及价格等），应当在财政部指定的政府采购信息发布媒体上公告，同时以文件形式印发各委托采购的中央单位。

协议供货采购、定点采购应当在投标截止日期后10个工作日内完成中标结果公告和文件印发工作。

第三十二条

中央单位采购协议供货或定点采购项目，一次性采购批量较大的，应当与中标供应商就价格再次谈判或询价。

第三十三条

政府集中采购应当遵循以下工作程序：

（一）编制计划。主管部门接到财政部下达的部门预算后在规定时间内，编制集中采购实施计划并委托负责本部门、本系统政府集中采购的集中采购机构实施采购。

（二）签订委托协议。主管部门与集中采购机构签订委托代理协议，确定委托代理事项，约定双方的权利与义务。

（三）制定操作方案。集中采购机构汇总各中央单位政府集中采购实施计划，并与委托方协商后，制定具体操作方案，包括协议供货采购、定点采购方案。

（四）组织采购。集中采购机构采用公开招标方式或财政部批准的其他采购方式，按照经备案或审批的操作方案开展采购活动。

（五）确定中标、成交结果。集中采购机构被授权确定中标或成交结果的，应当在集中采购工作完成后 3 个工作日内，将中标结果通知委托方，并发出中标或成交通知书，同时发布中标或成交公告。集中采购机构不承办确定中标或成交结果事项的，应当在评标、谈判或询价工作完成后，将采购结果报委托方，由委托方确定中标或成交供应商，并发中标或成交通知书和公告。

（六）中央单位应当自中标、成交通知书发出 30 日内，与中标、成交供应商签订采购合同。

第三十四条

中央单位的部门集中采购项目，应当实行部门集中采购。主管部门负责部门集中采购的组织实施，部门集中采购事务可以由财务（资金）管理机构具体负责办理，也可以另行明确一个机构具体负责办理。部门集中采购项目的招投标事务，可以委托集中采购机构或其他政府采购代理机构承办。

第三十五条

部门集中采购的评审专家应当从财政部建立的中央单位政府采购评审专家库中抽取，本部门的工作人员不得以评审专家身份参加本部门政府采购项目的评标、谈判或询价工作。

第三十六条

部门集中采购应当遵循以下工作程序：

（一）细化部门集中采购项目。主管部门接到财政部下达的部门预算后，应当进一步明确本部门、本系统实行部门集中采购的项目范围，逐级下达到二级预算单位和基层预算单位。

（二）编制计划。二级预算单位和基层预算单位根据主管部门要求，编制部门集中采购实施计划报主管部门。

（三）制定方案。主管部门汇总所属单位上报的部门集中采购实施计划后，制定具体操作方案。

（四）实施采购。主管部门依法采用相应的采购方式组织采购活动。委托集中采购机构或其他政府采购代理机构代理采购的，应当签订委托代理协议。

（五）采购活动完成后，应当及时确定中标、成交供应商，向其发出中标或成交通知书，同时发布中标、成交公告。

（六）主管部门及其所属单位要在中标、成交通知书发出 30 日内，与中标、成交供应商签订采购合同。主管部门应当组织采购合同履行及验收工作。

第三十七条

单位自行采购可以由项目使用单位自行组织采购，也可以委托集中采购机构或其他政府采购代理机构代理采购。

第三十八条

单位自行采购应当依据法定的采购方式和程序开展采购活动，完整保存采购文件。

第三十九条

单位自行采购应当按照本办法规定实行备案和审批管理。

H3《中央预算单位批量集中采购管理暂行办法》

规章

第二条

列入国务院公布的《中央预算单位政府集中采购目录及标准》中的集中采购机构采购品目应当逐步实施批量集中采购，中央预算单位要严格执行批量集中采购相关规定。对已纳入批量集中采购范围，因时间紧急或零星特殊采购不能通过批量集中采购的品目，中央预算单位可报经主管预算单位同意后通过协议供货方式采购，但各部门协议供货采购数量不得超过同类品目上年购买总数的 10%。

第三条

实行批量集中采购的通用办公设备、家具的经费预算应当严格执行《中央行政单位通用办公设备家具购置费预算标准（试行）》（财行〔2011〕78 号）规定，用于科研、测绘等特殊用途的专用办公设备、家具及其他采购品目经费预算应当按财政部批复的部门预算执行。

第八条

中央预算单位应当通过中国政府采购网或各集中采购机构网站查询相关中标信息，严格按照计划填报数量和当期中标结果，及时与中标供应商或授权供货商签订采购合同。验收时，应当根据中标公告中的技术服务标准，认真核对送货时间、产品配置技术指标等内容并填写验收书。验收后，应当按照合同约定及时付款。对中标供应商在履约过程中存在的违约问题，应当通过验收书或其他书面形式向集中采购机构反映。

第九条

集中采购机构应当根据采购文件约定，督促供应商在中标通知公告发出后二十个工作日内，将中标产品送到中央预算单位指定地点。应当统一协调处理合同签订、产品送达、产品验收及款项支付等履约过程中出现的问题，分清责任。对于中央预算单位在验收书上或书面反映的产品质量、服务问题，应当及时组织核查或第三方检测机构检测，并按采购文件及有关合同的约定追究中标供应商赔偿责任。

H1 3.2 采购方式变更

H3《政府采购法实施条例》

法规

第二十三条

采购人采购公开招标数额标准以上的货物或者服务，符合政府采购法第二十九条、第三十条、第三十一条、第三十二条规定情形或者有需要执行政府采购政策等特殊情况的，经设区的市级以上人民政府财政部门批准，可以依法采用公开招标以外的采购方式。

H3《政府采购非招标采购方式管理办法》

规章

第三条

采购人、采购代理机构采购以下货物、工程和服务之一的，可以采用竞争性谈判、单一来源采购方式采购；采购货物的，还可以采用询价采购方式：

（一）依法制定的集中采购目录以内，且未达到公开招标数额标准的货物、服务；

（二）依法制定的集中采购目录以外、采购限额标准以上，且未达到公开招标数额标准的货物、服务；

（三）达到公开招标数额标准、经批准采用非公开招标方式的货物、服务；

（四）按照招标投标法及其实施条例必须进行招标的工程建设项目以外的政府采购工程。

第四条

达到公开招标数额标准的货物、服务采购项目，拟采用非招标采购方式的，采购人应当在采购活动开始前，报经主管预算单位同意后，向设区的市、自治州以上人民政府财政部门申请批准。

第五条

根据本办法第四条申请采用非招标采购方式采购的，采购人应当向财政部门提交以下材料并对材料的真实性负责：

（一）采购人名称、采购项目名称、项目概况等项目基本情况说明；

（二）项目预算金额、预算批复文件或者资金来源证明；

（三）拟申请采用的采购方式和理由。

H3《中央单位政府采购管理实施办法》

规章

第十二条

中央单位达到公开招标数额标准的采购项目，应当采用公开招标采购方式。因特殊情况需要采取公开招标以外的邀请招标、竞争性谈判、询价和单一来源等采购方式的，应当在采购活动开始前报财政部批准。

H1 # 3.3 具体采购方式

H2 ## 3.3.1 公开招标

H3 ### 《政府采购法》

法律

第二十七条

采购人采购货物或者服务应当采用公开招标方式的，其具体数额标准，属于中央预算的政府采购项目，由国务院规定；属于地方预算的政府采购项目，由省、自治区、直辖市人民政府规定；因特殊情况需要采用公开招标以外的采购方式的，应当在采购活动开始前获得设区的市、自治州以上人民政府采购监督管理部门的批准。

第二十八条

采购人不得将应当以公开招标方式采购的货物或者服务化整为零或者以其他任何方式规避公开招标采购。

第三十四条

货物或者服务项目采取邀请招标方式采购的，采购人应当从符合相应资格条件的供应商中，通过随机方式选择三家以上的供应商，并向其发出投标邀请书。

第三十五条

货物和服务项目实行招标方式采购的，自招标文件开始发出之日起至投标人提交投标文件截止之日止，不得少于二十日。

第三十六条

在招标采购中，出现下列情形之一的，应予废标：

（一）符合专业条件的供应商或者对招标文件作实质响应的供应商不足三家的；

（二）出现影响采购公正的违法、违规行为的；

（三）投标人的报价均超过了采购预算，采购人不能支付的；

（四）因重大变故，采购任务取消的。

废标后，采购人应当将废标理由通知所有投标人。

第三十七条

废标后，除采购任务取消情形外，应当重新组织招标；需要采取其他方式采购的，应当在采购活动开始前获得设区的市、自治州以上人民政府采购监督管理部门或者政府有关部门批准。

《政府采购法实施条例》

法规

第三十一条

招标文件的提供期限自招标文件开始发出之日起不得少于5个工作日。

采购人或者采购代理机构可以对已发出的招标文件进行必要的澄清或者修改。澄清或者修改的内容可能影响投标文件编制的，采购人或者采购代理机构应当在投标截止时间至少15日前，以书面形式通知所有获取招标文件的潜在投标人；不足15日的，采购人或者采购代理机构应当顺延提交投标文件的截止时间。

第三十二条

采购人或者采购代理机构应当按照国务院财政部门制定的招标文件标准文本编制招标文件。

招标文件应当包括采购项目的商务条件、采购需求、投标人的资格条件、投标报价要求、评标方法、评标标准以及拟签订的合同文本等。

第三十三条

招标文件要求投标人提交投标保证金的，投标保证金不得超过采购项目预算金额的2%。投标保证金应当以支票、汇票、本票或者金融机构、担保机构出具的保函等非现金形式提交。投标人未按照招标文件要求提交投标保证金的，投标无效。

采购人或者采购代理机构应当自中标通知书发出之日起5个工作日内退还未中标供应商的投标保证金，自政府采购合同签订之日起5个工作日内退还中标供应商的投标保证金。

竞争性谈判或者询价采购中要求参加谈判或者询价的供应商提交保证金的，参照前两款的规定执行。

第三十四条

政府采购招标评标方法分为最低评标价法和综合评分法。

最低评标价法，是指投标文件满足招标文件全部实质性要求且投标报价最低的供应商为中标候选人的评标方法。综合评分法，是指投标文件满足招标文件全部实质性要求且按照评审因素的量化指标评审得分最高的供应商为中标候选人的评标方法。

技术、服务等标准统一的货物和服务项目，应当采用最低评标价法。

采用综合评分法的，评审标准中的分值设置应当与评审因素的量化指标相对应。

招标文件中没有规定的评标标准不得作为评审的依据。

H3《政府采购货物和服务招标投标管理办法》

规章

第三条

货物服务招标分为公开招标和邀请招标。

公开招标，是指采购人依法以招标公告的方式邀请非特定的供应商参加投标的采购方式。

邀请招标，是指采购人依法从符合相应资格条件的供应商中随机抽取3家以上供应商，并以投标邀请书的方式邀请其参加投标的采购方式。

第十三条

公开招标公告应当包括以下主要内容：

（一）采购人及其委托的采购代理机构的名称、地址和联系方法；

（二）采购项目的名称、预算金额，设定最高限价的，还应当公开最高限价；

（三）采购人的采购需求；

（四）投标人的资格要求；

（五）获取招标文件的时间期限、地点、方式及招标文件售价；

（六）公告期限；

（七）投标截止时间、开标时间及地点；

（八）采购项目联系人姓名和电话。

第十七条

采购人、采购代理机构不得将投标人的注册资本、资产总额、营业收入、从业人员、利润、纳税额等规模条件作为资格要求或者评审因素，也不得通过将除进口货物以外的生产厂家授权、承诺、证明、背书等作为资格要求，对投标人实行差别待遇或者歧视待遇。

第十八条

采购人或者采购代理机构应当按照招标公告、资格预审公告或者投标邀请书规定的时间、地点提供招标文件或者资格预审文件，提供期限自招标公告、资格预审公告发布之日起计算不得少于5个工作日。提供期限届满后，获取招标文件或者资格预审文件的潜在投标人不足3家的，可以顺延提供期限，并予公告。

公开招标进行资格预审的，招标公告和资格预审公告可以合并发布，招标文件应当向所有通过资格预审的供应商提供。

第十九条

采购人或者采购代理机构应当根据采购项目的实施要求，在招标公告、资格预审公告或者投标邀请书中载明是否接受联合体投标。如未载明，不得拒绝联合体投标。

第二十条

采购人或者采购代理机构应当根据采购项目的特点和采购需求编制招标文件。招标文件应当包括以下主要内容：

（一）投标邀请；

（二）投标人须知（包括投标文件的密封、签署、盖章要求等）；

（三）投标人应当提交的资格、资信证明文件；

（四）为落实政府采购政策，采购标的需满足的要求，以及投标人须提供的证明材料；

（五）投标文件编制要求、投标报价要求和投标保证金交纳、退还方式以及不予退还投标保证金的情形；

（六）采购项目预算金额，设定最高限价的，还应当公开最高限价；

（七）采购项目的技术规格、数量、服务标准、验收等要求，包括附件、图纸等；

（八）拟签订的合同文本；

（九）货物、服务提供的时间、地点、方式；

（十）采购资金的支付方式、时间、条件；

（十一）评标方法、评标标准和投标无效情形；

（十二）投标有效期；

（十三）投标截止时间、开标时间及地点；

（十四）采购代理机构代理费用的收取标准和方式；

（十五）投标人信用信息查询渠道及截止时点、信用信息查询记录和证据留存的具体方式、信用信息的使用规则等；

（十六）省级以上财政部门规定的其他事项。

对于不允许偏离的实质性要求和条件，采购人或者采购代理机构应当在招标文件中规定，并以醒目的方式标明。

第二十一条

采购人或者采购代理机构应当根据采购项目的特点和采购需求编制资格预审文件。资格预审文件应当包括以下主要内容：

（一）资格预审邀请；

（二）申请人须知；

（三）申请人的资格要求；

（四）资格审核标准和方法；

（五）申请人应当提供的资格预审申请文件的内容和格式；

（六）提交资格预审申请文件的方式、截止时间、地点及资格审核日期；

（七）申请人信用信息查询渠道及截止时点、信用信息查询记录和证据留存的具体方式、信用信息的使用规则等内容；

（八）省级以上财政部门规定的其他事项。

资格预审文件应当免费提供。

第二十二条

采购人、采购代理机构一般不得要求投标人提供样品，仅凭书面方式不能准确描述采购需求或者需要对样品进行主观判断以确认是否满足采购需求等特殊情况除外。

要求投标人提供样品的，应当在招标文件中明确规定样品制作的标准和要求、是否需要随样品提交相关检测报告、样品的评审方法以及评审标准。需要随样品提交检测报告的，还应当规定检测机构的要求、检测内容等。

采购活动结束后，对于未中标人提供的样品，应当及时退还或者经未中标人同意后自行处理；对于中标人提供的样品，应当按照招标文件的规定进行保管、封存，并作为履约验收的参考。

第二十三条

投标有效期从提交投标文件的截止之日起算。投标文件中承诺的投标有效期应当不少于招标文件中载明的投标有效期。投标有效期内投标人撤销投标文件的，采购人或者采购代理机构可以不退还投标保证金。

第二十四条

招标文件售价应当按照弥补制作、邮寄成本的原则确定，不得以营利为目的，不得以招标采购金额作为确定招标文件售价的依据。

第二十五条

招标文件、资格预审文件的内容不得违反法律、行政法规、强制性标准、政府采购政策，或者违反公开透明、公平竞争、公正和诚实信用原则。

有前款规定情形，影响潜在投标人投标或者资格预审结果的，采购人或者采购代理机构应当修改招标文件或者资格预审文件后重新招标。

第二十六条

采购人或者采购代理机构可以在招标文件提供期限截止后，组织已获取招标文件的潜在投标人现场考察或者召开开标前答疑会。

组织现场考察或者召开答疑会的，应当在招标文件中载明，或者在招标文件提供期限截止后以书面形式通知所有获取招标文件的潜在投标人。

第二十七条

采购人或者采购代理机构可以对已发出的招标文件、资格预审文件、投标邀请书进行必要的澄清或者修改，但不得改变采购标的和资格条件。澄清或者修改应当在原公告发布媒体上发布澄清公告。澄清或者修改的内容为招标文件、资格预审文件、投标邀请书的组成部分。

澄清或者修改的内容可能影响投标文件编制的，采购人或者采购代理机构应当在投标截止时间至少 15 日前，以书面形式通知所有获取招标文件的潜在投标人；不足 15 日的，采购人或者采购代理机构应当顺延提交投标文件的截止时间。

澄清或者修改的内容可能影响资格预审申请文件编制的，采购人或者采购代理机构应当在提交资格预审申请文件截止时间至少 3 日前，以书面形式通知所有获取资格预审文件的潜在投标人；不足 3 日的，采购人或者采购代理机构应当顺延提交资格预审申请文件的截止时间。

第二十八条

投标截止时间前，采购人、采购代理机构和有关人员不得向他人透露已获取招标文件的潜在投标人的名称、数量以及可能影响公平竞争的有关招标投标的其他情况。

第二十九条

采购人、采购代理机构在发布招标公告、资格预审公告或者发出投标邀请书后，除因重大变故采购任务取消情况外，不得擅自终止招标活动。

终止招标的，采购人或者采购代理机构应当及时在原公告发布媒体上发布终止公告，以书面形式通知已经获取招标文件、资格预审文件或者被邀请的潜在投标人，并将项目实施情况和采购任务取消原因报告本级财政部门。已经收取招标文件费用或者投标保证金的，采购人或者采购代理机构应当在终止采购活动后 5 个工作日内，退还所收取的招标文件费用和所收取的投标保证金及其在银行产生的孳息。

第三十条

投标人，是指响应招标、参加投标竞争的法人、其他组织或者自然人。

第三十一条

采用最低评标价法的采购项目，提供相同品牌产品的不同投标人参加同一合同项下投标的，以其中通过资格审查、符合性审查且报价最低的参加评标；报价相同的，由采购人或者采购人委托评标委员会按照招标文件规定的方式确定一个参加评标的投标人，招标文件未规定的采取随机抽取方式确定，其他投标无效。

使用综合评分法的采购项目，提供相同品牌产品且通过资格审查、符合性审查的不同投标人参加同一合同项下投标的，按一家投标人计算，评审后得分最高的同品牌投标人获得中标人推荐资格；评审得分相同的，由采购人或者采购人委托评标委员会按照招标文件规定的方式确定一个投标人获得中标人推荐资格，招标文件未规定的采取随机抽取方式确定，其他同品牌投标人不作为中标候选人。

非单一产品采购项目，采购人应当根据采购项目技术构成、产品价格比重等合理确定核心产品，并在招标文件中载明。多家投标人提供的核心产品品牌相同的，按前两款规定处理。

第三十二条

投标人应当按照招标文件的要求编制投标文件。投标文件应当对招标文件提出的要求和条件作出明确响应。

第三十三条

投标人应当在招标文件要求提交投标文件的截止时间前，将投标文件密封送达投标地点。采购人或者采购代理机构收到投标文件后，应当如实记载投标文件的送达时间和密封情况，签收保存，并向投标人出具签收回执。任何单位和个人不得在开标前开启投标文件。

逾期送达或者未按照招标文件要求密封的投标文件，采购人、采购代理机构应当拒收。

第三十四条

投标人在投标截止时间前，可以对所递交的投标文件进行补充、修改或者撤回，并书面通知采购人或者采购代理机构。补充、修改的内容应当按照招标文件要求签署、盖章、密封后，作为投标文件的组成部分。

第三十五条

投标人根据招标文件的规定和采购项目的实际情况，拟在中标后将中标项目的非主体、非关键性工作分包的，应当在投标文件中载明分包承担主体，分包承担主体应当具备相应资质条件且不得再次分包。

第三十六条

投标人应当遵循公平竞争的原则，不得恶意串通，不得妨碍其他投标人的竞争行为，不得损害采购人或者其他投标人的合法权益。

在评标过程中发现投标人有上述情形的，评标委员会应当认定其投标无效，并书面报告本级财政部门。

第三十七条

有下列情形之一的，视为投标人串通投标，其投标无效：

（一）不同投标人的投标文件由同一单位或者个人编制；

（二）不同投标人委托同一单位或者个人办理投标事宜；

（三）不同投标人的投标文件载明的项目管理成员或者联系人员为同一人；

（四）不同投标人的投标文件异常一致或者投标报价呈规律性差异；

（五）不同投标人的投标文件相互混装；

（六）不同投标人的投标保证金从同一单位或者个人的账户转出。

第三十八条

投标人在投标截止时间前撤回已提交的投标文件的，采购人或者采购代理机构应当自收到投标人书面撤回通知之日起 5 个工作日内，退还已收取的投标保证金，但因投标人自身原因导致无法及时退还的除外。

采购人或者采购代理机构应当自中标通知书发出之日起 5 个工作日内退还未中标人的投标保证金，自采购合同签订之日起 5 个工作日内退还中标人的投标保证金或者转为中标人的履约保证金。

采购人或者采购代理机构逾期退还投标保证金的，除应当退还投标保证金本金外，还应当按中国人民银行同期贷款基准利率上浮 20% 后的利率支付超期资金占用费，但因投标人自身原因导致无法及时退还的除外。

第三十九条

开标应当在招标文件确定的提交投标文件截止时间的同一时间进行。开标地点应当为招标文件中预先确定的地点。

采购人或者采购代理机构应当对开标、评标现场活动进行全程录音录像。录音录像应当清晰可辨，音像资料作为采购文件一并存档。

第四十条

开标由采购人或者采购代理机构主持，邀请投标人参加。评标委员会成员不得参加开标活动。

第四十一条

开标时，应当由投标人或者其推选的代表检查投标文件的密封情况；经确认无误后，由采购人或者采购代理机构工作人员当众拆封，宣布投标人名称、投标价格和招标文件规定的需要宣布的其他内容。

投标人不足 3 家的，不得开标。

第四十二条

开标过程应当由采购人或者采购代理机构负责记录，由参加开标的各投标人代表和相关工作人员签字确认后随采购文件一并存档。

投标人代表对开标过程和开标记录有疑义，以及认为采购人、采购代理机构相关工作人员有需要回避的情形的，应当场提出询问或者回避申请。采购人、采购代理机构对投标人代表提出的询问或者回避申请应当及时处理。

投标人未参加开标的，视同认可开标结果。

第四十三条

公开招标数额标准以上的采购项目，投标截止后投标人不足 3 家或者通过资格审查或符合性审查的投标人不足 3 家的，除采购任务取消情形外，按照以下方式处理：

（一）招标文件存在不合理条款或者招标程序不符合规定的，采购人、采购代理机构改正后依法重新招标；

（二）招标文件没有不合理条款、招标程序符合规定，需要采用其他采购方式采购的，采购人应当依法报财政部门批准。

第四十四条

公开招标采购项目开标结束后，采购人或者采购代理机构应当依法对投标人的资格进行审查。

合格投标人不足 3 家的，不得评标。

第四十五条

采购人或者采购代理机构负责组织评标工作，并履行下列职责：

（一）核对评审专家身份和采购人代表授权函，对评审专家在政府采购活动中的职责履行情况予以记录，并及时将有关违法违规行为向财政部门报告；

（二）宣布评标纪律；

（三）公布投标人名单，告知评审专家应当回避的情形；

（四）组织评标委员会推选评标组长，采购人代表不得担任组长；

（五）在评标期间采取必要的通讯管理措施，保证评标活动不受外界干扰；

（六）根据评标委员会的要求介绍政府采购相关政策法规、招标文件；

（七）维护评标秩序，监督评标委员会依照招标文件规定的评标程序、方法和标准进行独立评审，及时制止和纠正采购人代表、评审专家的倾向性言论或者违法违规行为；

（八）核对评标结果，有本办法第六十四条规定情形的，要求评标委员会复核或者书面说明理由，评标委员会拒绝的，应予记录并向本级财政部门报告；

（九）评审工作完成后，按照规定向评审专家支付劳务报酬和异地评审差旅费，不得向评审专家以外的其他人员支付评审劳务报酬；

（十）处理与评标有关的其他事项。

采购人可以在评标前说明项目背景和采购需求，说明内容不得含有歧视性、倾向性意见，不得超出招标文件所述范围。说明应当提交书面材料，并随采购文件一并存档。

第四十六条

评标委员会负责具体评标事务，并独立履行下列职责：

（一）审查、评价投标文件是否符合招标文件的商务、技术等实质性要求；

（二）要求投标人对投标文件有关事项作出澄清或者说明；

（三）对投标文件进行比较和评价；

（四）确定中标候选人名单，以及根据采购人委托直接确定中标人；

（五）向采购人、采购代理机构或者有关部门报告评标中发现的违法行为。

第四十七条

评标委员会由采购人代表和评审专家组成，成员人数应当为 5 人以上单数，其中评审专家不得少于成员总数的三分之二。

采购项目符合下列情形之一的，评标委员会成员人数应当为 7 人以上单数：

（一）采购预算金额在 1000 万元以上；

（二）技术复杂；

（三）社会影响较大。

评审专家对本单位的采购项目只能作为采购人代表参与评标，本办法第四十八条第二款规定情形除外。采购代理机构工作人员不得参加由本机构代理的政府采购项目的评标。

评标委员会成员名单在评标结果公告前应当保密。

第四十八条

采购人或者采购代理机构应当从省级以上财政部门设立的政府采购评审专家库中，通过随机方式抽取评审专家。

对技术复杂、专业性强的采购项目，通过随机方式难以确定合适评审专家的，经主管预算单位同意，采购人可以自行选定相应专业领域的评审专家。

第四十九条

评标中因评标委员会成员缺席、回避或者健康等特殊原因导致评标委员会组成不符合本办法规定的，采购人或者采购代理机构应当依法补足后继续评标。被更换的评标委员会成员所作出的评标意见无效。

无法及时补足评标委员会成员的，采购人或者采购代理机构应当停止评标活动，封存所有投标文件和开标、评标资料，依法重新组建评标委员会进行评标。原评标委员会所作出的评标意见无效。

采购人或者采购代理机构应当将变更、重新组建评标委员会的情况予以记录，并随采购文件一并存档。

第五十条

评标委员会应当对符合资格的投标人的投标文件进行符合性审查，以确定其是否满足招标文件的实质性要求。

第五十一条

对于投标文件中含义不明确、同类问题表述不一致或者有明显文字和计算错误的内容，评标委员会应当以书面形式要求投标人作出必要的澄清、说明或者补正。

投标人的澄清、说明或者补正应当采用书面形式，并加盖公章，或者由法定代表人或其授权的代表签字。投标人的澄清、说明或者补正不得超出投标文件的范围或者改变投标文件的实质性内容。

第五十二条

评标委员会应当按照招标文件中规定的评标方法和标准，对符合性审查合格的投标文件进行商务和技术评估，综合比较与评价。

第五十三条

评标方法分为最低评标价法和综合评分法。

第五十四条

最低评标价法，是指投标文件满足招标文件全部实质性要求，且投标报价最低的投标人为中标候选人的评标方法。

技术、服务等标准统一的货物服务项目，应当采用最低评标价法。

采用最低评标价法评标时，除了算术修正和落实政府采购政策需进行的价格扣除外，不能对投标人的投标价格进行任何调整。

第五十五条

综合评分法，是指投标文件满足招标文件全部实质性要求，且按照评审因素的量化指标评审得分最高的投标人为中标候选人的评标方法。

评审因素的设定应当与投标人所提供货物服务的质量相关，包括投标报价、技术或者服务水平、履约能力、售后服务等。资格条件不得作为评审因素。评审因素应当在招标文件中规定。

评审因素应当细化和量化，且与相应的商务条件和采购需求对应。商务条件和采购需求指标有区间规定的，评审因素应当量化到相应区间，并设置各区间对应的不同分值。

评标时，评标委员会各成员应当独立对每个投标人的投标文件进行评价，并汇总每个投标人的得分。

货物项目的价格分值占总分值的比重不得低于30%；服务项目的价格分值占总分值的比重不得低于10%。执行国家统一定价标准和采用固定价格采购的项目，其价格不列为评审因素。

价格分应当采用低价优先法计算，即满足招标文件要求且投标价格最低的投标报价为评标基准价，其价格分为满分。其他投标人的价格分统一按照下列公式计算：

投标报价得分＝（评标基准价/投标报价）$\times 100$

评标总得分$=F_1 \times A_1 + F_2 \times A_2 + \cdots\cdots + F_n \times A_n$

F_1、F_2……F_n 分别为各项评审因素的得分；

A_1、A_2、……A_n 分别为各项评审因素所占的权重（$A_1 + A_2 + \cdots\cdots + A_n = 1$）。

评标过程中，不得去掉报价中的最高报价和最低报价。

因落实政府采购政策进行价格调整的，以调整后的价格计算评标基准价和投标报价。

第五十六条

采用最低评标价法的，评标结果按投标报价由低到高顺序排列。投标报价相同的并列。投标文件满足招标文件全部实质性要求且投标报价最低的投标人为排名第一的中标候选人。

第五十七条

采用综合评分法的，评标结果按评审后得分由高到低顺序排列。得分相同的，按投标报价由低到高顺序排列。得分且投标报价相同的并列。投标文件满足招标文件全部实质性要求，且按照评审因素的量化指标评审得分最高的投标人为排名第一的中标候选人。

第五十八条

评标委员会根据全体评标成员签字的原始评标记录和评标结果编写评标报告。

评标报告应当包括以下内容：

（一）招标公告刊登的媒体名称、开标日期和地点；

（二）投标人名单和评标委员会成员名单；

（三）评标方法和标准；

（四）开标记录和评标情况及说明，包括无效投标人名单及原因；

（五）评标结果，确定的中标候选人名单或者经采购人委托直接确定的中标人；

（六）其他需要说明的情况，包括评标过程中投标人根据评标委员会要求进行的澄清、说明或者补正，评标委员会成员的更换等。

第五十九条

投标文件报价出现前后不一致的，除招标文件另有规定外，按照下列规定修正：

（一）投标文件中开标一览表（报价表）内容与投标文件中相应内容不一致的，以开标一览表（报价表）为准；

（二）大写金额和小写金额不一致的，以大写金额为准；

（三）单价金额小数点或者百分比有明显错位的，以开标一览表的总价为准，并修改单价；

（四）总价金额与按单价汇总金额不一致的，以单价金额计算结果为准。

同时出现两种以上不一致的，按照前款规定的顺序修正。修正后的报价按照本办法第五十一条第二款的规定经投标人确认后产生约束力，投标人不确认的，其投标无效。

第六十条

评标委员会认为投标人的报价明显低于其他通过符合性审查投标人的报价，有可能影响产品质量或者不能诚信履约的，应当要求其在评标现场合理的时间内提供书面说明，必要时提交相关证明材料；投标人不能证明其报价合理性的，评标委员会应当将其作为无效投标处理。

第六十一条

评标委员会成员对需要共同认定的事项存在争议的，应当按照少数服从多数的原则作出结论。持不同意见的评标委员会成员应当在评标报告上签署不同意见及理由，否则视为同意评标报告。

第六十二条

评标委员会及其成员不得有下列行为：

（一）确定参与评标至评标结束前私自接触投标人；

（二）接受投标人提出的与投标文件不一致的澄清或者说明，本办法第五十一条规定的情形除外；

（三）违反评标纪律发表倾向性意见或者征询采购人的倾向性意见；

（四）对需要专业判断的主观评审因素协商评分；

（五）在评标过程中擅离职守，影响评标程序正常进行的；

（六）记录、复制或者带走任何评标资料；

（七）其他不遵守评标纪律的行为。

评标委员会成员有前款第一至五项行为之一的，其评审意见无效，并不得获取评审劳务报酬和报销异地评审差旅费。

第六十三条

投标人存在下列情况之一的，投标无效：

（一）未按照招标文件的规定提交投标保证金的；

（二）投标文件未按招标文件要求签署、盖章的；

（三）不具备招标文件中规定的资格要求的；

（四）报价超过招标文件中规定的预算金额或者最高限价的；

（五）投标文件含有采购人不能接受的附加条件的；

（六）法律、法规和招标文件规定的其他无效情形。

第六十四条

评标结果汇总完成后，除下列情形外，任何人不得修改评标结果：

（一）分值汇总计算错误的；

（二）分项评分超出评分标准范围的；

（三）评标委员会成员对客观评审因素评分不一致的；

（四）经评标委员会认定评分畸高、畸低的。

评标报告签署前，经复核发现存在以上情形之一的，评标委员会应当当场修改评标结果，并在评标报告中记载；评标报告签署后，采购人或者采购代理机构发现存在以上情形之一的，应当组织原评标委员会进行重新评审，重新评审改变评标结果的，书面报告本级财政部门。

投标人对本条第一款情形提出质疑的，采购人或者采购代理机构可以组织原评标委员会进行重新评审，重新评审改变评标结果的，应当书面报告本级财政部门。

第六十五条

评标委员会发现招标文件存在歧义、重大缺陷导致评标工作无法进行，或者招标文件内容违反国家有关强制性规定的，应当停止评标工作，与采购人或者采购代理机构沟通并作书面记录。采购人或者采购代理机构确认后，应当修改招标文件，重新组织采购活动。

第六十六条

采购人、采购代理机构应当采取必要措施，保证评标在严格保密的情况下进行。除采购人代表、评标现场组织人员外，采购人的其他工作人员以及与评标工作无关的人员不得进入评标现场。

有关人员对评标情况以及在评标过程中获悉的国家秘密、商业秘密负有保密责任。

第六十七条

评标委员会或者其成员存在下列情形导致评标结果无效的，采购人、采购代理机构可以重新组建评标委员会进行评标，并书面报告本级财政部门，但采购合同已经履行的除外：

（一）评标委员会组成不符合本办法规定的；

（二）有本办法第六十二条第一至五项情形的；

（三）评标委员会及其成员独立评标受到非法干预的；

（四）有政府采购法实施条例第七十五条规定的违法行为的。

有违法违规行为的原评标委员会成员不得参加重新组建的评标委员会。

3.3.2　邀请招标

《政府采购法》

法律

第二十九条

符合下列情形之一的货物或者服务，可以依照本法采用邀请招标方式采购：

（一）具有特殊性，只能从有限范围的供应商处采购的；

（二）采用公开招标方式的费用占政府采购项目总价值的比例过大的。

《政府采购货物和服务招标投标管理办法》

规章

第三条

邀请招标，是指采购人依法从符合相应资格条件的供应商中随机抽取 3 家以上供应商，并以投标邀请书的方式邀请其参加投标的采购方式。

第十四条

采用邀请招标方式的，采购人或者采购代理机构应当通过以下方式产生符合资格条件的供应商名单，并从中随机抽取 3 家以上供应商向其发出投标邀请书：

（一）发布资格预审公告征集；

（二）从省级以上人民政府财政部门（以下简称财政部门）建立的供应商库中选取；

（三）采购人书面推荐。

采用前款第一项方式产生符合资格条件供应商名单的，采购人或者采购代理机构应当按照资格预审文件载明的标准和方法，对潜在投标人进行资格预审。

采用第一款第二项或者第三项方式产生符合资格条件供应商名单的，备选的符合资格条件供应商总数不得少于拟随机抽取供应商总数的两倍。

随机抽取是指通过抽签等能够保证所有符合资格条件供应商机会均等的方式选定供应商。随机抽取供应商时，应当有不少于两名采购人工作人员在场监督，并形成书面记录，随采购文件一并存档。

投标邀请书应当同时向所有受邀请的供应商发出。

3.3.3 竞争性谈判

《政府采购法》

法律

第三十条

符合下列情形之一的货物或者服务，可以依照本法采用竞争性谈判方式采购：

（一）招标后没有供应商投标或者没有合格标的或者重新招标未能成立的；

（二）技术复杂或者性质特殊，不能确定详细规格或者具体要求的；

（三）采用招标所需时间不能满足用户紧急需要的；

（四）不能事先计算出价格总额的。

第三十八条

采用竞争性谈判方式采购的，应当遵循下列程序：

（一）成立谈判小组。谈判小组由采购人的代表和有关专家共三人以上的单数组成，其中专家的人数不得少于成员总数的三分之二。

（二）制定谈判文件。谈判文件应当明确谈判程序、谈判内容、合同草案的条款以及评定成交的标准等事项。

（三）确定邀请参加谈判的供应商名单。谈判小组从符合相应资格条件的供应商名单中确定不少于三家的供应商参加谈判，并向其提供谈判文件。

（四）谈判。谈判小组所有成员集中与单一供应商分别进行谈判。在谈判中，谈判的任何一方不得透露与谈判有关的其他供应商的技术资料、价格和其他信息。谈判文件有实质性变动的，谈判小组应当以书面形式通知所有参加谈判的供应商。

（五）确定成交供应商。谈判结束后，谈判小组应当要求所有参加谈判的供应商在规定时间内进行最后报价，采购人从谈判小组提出的成交候选人中根据符合采购需求、质量和服务相等且报价最低的原则确定成交供应商，并将结果通知所有参加谈判的未成交的供应商。

H3《政府采购法实施条例》

法规

第三十五条

谈判文件不能完整、明确列明采购需求，需要由供应商提供最终设计方案或者解决方案的，在谈判结束后，谈判小组应当按照少数服从多数的原则投票推荐3家以上供应商的设计方案或者解决方案，并要求其在规定时间内提交最后报价。

H3《政府采购非招标采购方式管理办法》

规章

第七条

竞争性谈判小组或者询价小组由采购人代表和评审专家共3人以上单数组成，其中评审专家人数不得少于竞争性谈判小组或者询价小组成员总数的2/3。采购人不得以评审专家身份参加本部门或本单位采购项目的评审。采购代理机构人员不得参加本机构代理的采购项目的评审。

达到公开招标数额标准的货物或者服务采购项目，或者达到招标规模标准的政府采购工程，竞争性谈判小组或者询价小组应当由5人以上单数组成。

采用竞争性谈判、询价方式采购的政府采购项目，评审专家应当从政府采购评审专家库内相关专业的专家名单中随机抽取。技术复杂、专业性强的竞争性谈判采购项目，通过随机方式难以确定合适的评审专家的，经主管预算单位同意，可以自行选定评审专家。技术复杂、专业性强的竞争性谈判采购项目，评审专家中应当包含1名法律专家。

第八条

竞争性谈判小组或者询价小组在采购活动过程中应当履行下列职责：

（一）确认或者制定谈判文件、询价通知书；

（二）从符合相应资格条件的供应商名单中确定不少于3家的供应商参加谈判或者询价；

（三）审查供应商的响应文件并作出评价；

（四）要求供应商解释或者澄清其响应文件；

（五）编写评审报告；

（六）告知采购人、采购代理机构在评审过程中发现的供应商的违法违规行为。

第九条

竞争性谈判小组或者询价小组成员应当履行下列义务：

（一）遵纪守法，客观、公正、廉洁地履行职责；

（二）根据采购文件的规定独立进行评审，对个人的评审意见承担法律责任；

（三）参与评审报告的起草；

（四）配合采购人、采购代理机构答复供应商提出的质疑；

（五）配合财政部门的投诉处理和监督检查工作。

第十条

谈判文件、询价通知书应当根据采购项目的特点和采购人的实际需求制定，并经采购人书面同意。采购人应当以满足实际需求为原则，不得擅自提高经费预算和资产配置等采购标准。

谈判文件、询价通知书不得要求或者标明供应商名称或者特定货物的品牌，不得含有指向特定供应商的技术、服务等条件。

第十一条

谈判文件、询价通知书应当包括供应商资格条件、采购邀请、采购方式、采购预算、采购需求、采购程序、价格构成或者报价要求、响应文件编制要求、提交响应文件截止时间及地点、保证金交纳数额和形式、评定成交的标准等。

谈判文件除本条第一款规定的内容外，还应当明确谈判小组根据与供应商谈判情况可能实质性变动的内容，包括采购需求中的技术、服务要求以及合同草案条款。

第十二条

采购人、采购代理机构应当通过发布公告、从省级以上财政部门建立的供应商库中随机抽取或者采购人和评审专家分别书面推荐的方式邀请不少于 3 家符合相应资格条件的供应商参与竞争性谈判或者询价采购活动。

符合政府采购法第二十二条第一款规定条件的供应商可以在采购活动开始前加入供应商库。财政部门不得对供应商申请入库收取任何费用，不得利用供应商库进行地区和行业封锁。

采取采购人和评审专家书面推荐方式选择供应商的，采购人和评审专家应当各自出具书面推荐意见。采购人推荐供应商的比例不得高于推荐供应商总数的50%。

第二十七条

符合下列情形之一的采购项目，可以采用竞争性谈判方式采购：

（一）招标后没有供应商投标或者没有合格标的，或者重新招标未能成立的；

（二）技术复杂或者性质特殊，不能确定详细规格或者具体要求的；

（三）非采购人所能预见的原因或者非采购人拖延造成采用招标所需时间不能满足用户紧急需要的；

（四）因艺术品采购、专利、专有技术或者服务的时间、数量事先不能确定等原因不能事先计算出价格总额的。

公开招标的货物、服务采购项目，招标过程中提交投标文件或者经评审实质性响应招标文件要求的供应商只有两家时，采购人、采购代理机构按照本办法第四条经本级财政部门批准后可以与该两家供应商进行竞争性谈判采购，采购人、采购代理机构应当根据招标文件中的采购需求编制谈判文件，成立谈判小组，由谈判小组对谈判文件进行确认。符合本款情形的，本办法第三十三条、第三十五条中规定的供应商最低数量可以为两家。

第二十八条

符合本办法第二十七条第一款第一项情形和第二款情形，申请采用竞争性谈判采购方式时，除提交本办法第五条第一至三项规定的材料外，还应当提交下列申请材料：

（一）在省级以上财政部门指定的媒体上发布招标公告的证明材料；

（二）采购人、采购代理机构出具的对招标文件和招标过程是否有供应商质疑及质疑处理情况的说明；

（三）评标委员会或者 3 名以上评审专家出具的招标文件没有不合理条款的论证意见。

第二十九条

从谈判文件发出之日起至供应商提交首次响应文件截止之日止不得少于 3 个

工作日。

提交首次响应文件截止之日前，采购人、采购代理机构或者谈判小组可以对已发出的谈判文件进行必要的澄清或者修改，澄清或者修改的内容作为谈判文件的组成部分。澄清或者修改的内容可能影响响应文件编制的，采购人、采购代理机构或者谈判小组应当在提交首次响应文件截止之日3个工作日前，以书面形式通知所有接收谈判文件的供应商，不足3个工作日的，应当顺延提交首次响应文件截止之日。

第三十条

谈判小组应当对响应文件进行评审，并根据谈判文件规定的程序、评定成交的标准等事项与实质性响应谈判文件要求的供应商进行谈判。未实质性响应谈判文件的响应文件按无效处理，谈判小组应当告知有关供应商。

第三十一条

谈判小组所有成员应当集中与单一供应商分别进行谈判，并给予所有参加谈判的供应商平等的谈判机会。

第三十二条

在谈判过程中，谈判小组可以根据谈判文件和谈判情况实质性变动采购需求中的技术、服务要求以及合同草案条款，但不得变动谈判文件中的其他内容。实质性变动的内容，须经采购人代表确认。

对谈判文件作出的实质性变动是谈判文件的有效组成部分，谈判小组应当及时以书面形式同时通知所有参加谈判的供应商。

供应商应当按照谈判文件的变动情况和谈判小组的要求重新提交响应文件，并由其法定代表人或授权代表签字或者加盖公章。由授权代表签字的，应当附法定代表人授权书。供应商为自然人的，应当由本人签字并附身份证明。

第三十三条

谈判文件能够详细列明采购标的的技术、服务要求的，谈判结束后，谈判小组应当要求所有继续参加谈判的供应商在规定时间内提交最后报价，提交最后报价的供应商不得少于3家。

谈判文件不能详细列明采购标的的技术、服务要求，需经谈判由供应商提供最终设计方案或解决方案的，谈判结束后，谈判小组应当按照少数服从多数的原则投票推荐3家以上供应商的设计方案或者解决方案，并要求其在规定时间内提交最后报价。

最后报价是供应商响应文件的有效组成部分。

第三十四条

已提交响应文件的供应商，在提交最后报价之前，可以根据谈判情况退出谈判。采购人、采购代理机构应当退还退出谈判的供应商的保证金。

第三十五条

谈判小组应当从质量和服务均能满足采购文件实质性响应要求的供应商中，按照最后报价由低到高的顺序提出3名以上成交候选人，并编写评审报告。

第三十六条

采购代理机构应当在评审结束后2个工作日内将评审报告送采购人确认。

采购人应当在收到评审报告后5个工作日内，从评审报告提出的成交候选人中，根据质量和服务均能满足采购文件实质性响应要求且最后报价最低的原则确定成交供应商，也可以书面授权谈判小组直接确定成交供应商。采购人逾期未确定成交供应商且不提出异议的，视为确定评审报告提出的最后报价最低的供应商为成交供应商。

第三十七条

出现下列情形之一的，采购人或者采购代理机构应当终止竞争性谈判采购活动，发布项目终止公告并说明原因，重新开展采购活动：

（一）因情况变化，不再符合规定的竞争性谈判采购方式适用情形的；

（二）出现影响采购公正的违法、违规行为的；

（三）在采购过程中符合竞争要求的供应商或者报价未超过采购预算的供应商不足3家的，但本办法第二十七条第二款规定的情形除外。

H2 3.3.4　单一来源采购

H3《政府采购法》

法律

第三十一条

符合下列情形之一的货物或者服务，可以依照本法采用单一来源方式采购：

（一）只能从唯一供应商处采购的；

（二）发生了不可预见的紧急情况不能从其他供应商处采购的；

（三）必须保证原有采购项目一致性或者服务配套的要求，需要继续从原供应商处添购，且添购资金总额不超过原合同采购金额百分之十的。

第三十九条

采取单一来源方式采购的，采购人与供应商应当遵循本法规定的原则，在保证采购项目质量和双方商定合理价格的基础上进行采购。

H3《政府采购非招标采购方式管理办法》

规章

第三十八条

属于政府采购法第三十一条第一项情形，且达到公开招标数额的货物、服务项目，拟采用单一来源采购方式的，采购人、采购代理机构在按照本办法第四条报财政部门批准之前，应当在省级以上财政部门指定媒体上公示，并将公示情况一并报财政部门。公示期不得少于5个工作日，公示内容应当包括：

（一）采购人、采购项目名称和内容；

（二）拟采购的货物或者服务的说明；

（三）采用单一来源采购方式的原因及相关说明；

（四）拟定的唯一供应商名称、地址；

（五）专业人员对相关供应商因专利、专有技术等原因具有唯一性的具体论证意见，以及专业人员的姓名、工作单位和职称；

（六）公示的期限；

（七）采购人、采购代理机构、财政部门的联系地址、联系人和联系电话。

第三十九条

任何供应商、单位或者个人对采用单一来源采购方式公示有异议的，可以在公示期内将书面意见反馈给采购人、采购代理机构，并同时抄送相关财政部门。

第四十条

采购人、采购代理机构收到对采用单一来源采购方式公示的异议后，应当在公示期满后5个工作日内，组织补充论证，论证后认为异议成立的，应当依法采取其他采购方式；论证后认为异议不成立的，应当将异议意见、论证意见与公示情况一并报相关财政部门。

采购人、采购代理机构应当将补充论证的结论告知提出异议的供应商、单位或者个人。

第四十一条

采用单一来源采购方式采购的，采购人、采购代理机构应当组织具有相关经验的专业人员与供应商商定合理的成交价格并保证采购项目质量。

第四十二条

单一来源采购人员应当编写协商情况记录，主要内容包括：

（一）依据本办法第三十八条进行公示的，公示情况说明；

（二）协商日期和地点，采购人员名单；

（三）供应商提供的采购标的成本、同类项目合同价格以及相关专利、专有技术等情况说明；

（四）合同主要条款及价格商定情况。

协商情况记录应当由采购全体人员签字认可。对记录有异议的采购人员，应当签署不同意见并说明理由。采购人员拒绝在记录上签字又不书面说明其不同意见和理由的，视为同意。

第四十三条

出现下列情形之一的，采购人或者采购代理机构应当终止采购活动，发布项目终止公告并说明原因，重新开展采购活动：

（一）因情况变化，不再符合规定的单一来源采购方式适用情形的；

（二）出现影响采购公正的违法、违规行为的；

（三）报价超过采购预算的。

H2 3.3.5　询价

H3《政府采购法》

法律

第三十二条

采购的货物规格、标准统一、现货货源充足且价格变化幅度小的政府采购项目，可以依照本法采用询价方式采购。

第四十条

采取询价方式采购的，应当遵循下列程序：

（一）成立询价小组。询价小组由采购人的代表和有关专家共三人以上的单数组成，其中专家的人数不得少于成员总数的三分之二。询价小组应当对采购项目的价格构成和评定成交的标准等事项作出规定。

（二）确定被询价的供应商名单。询价小组根据采购需求，从符合相应资格条件的供应商名单中确定不少于三家的供应商，并向其发出询价通知书让其报价。

（三）询价。询价小组要求被询价的供应商一次报出不得更改的价格。

（四）确定成交供应商。采购人根据符合采购需求、质量和服务相等且报价最低的原则确定成交供应商，并将结果通知所有被询价的未成交的供应商。

《政府采购法实施条例》

法规

第三十六条

询价通知书应当根据采购需求确定政府采购合同条款。在询价过程中，询价小组不得改变询价通知书所确定的政府采购合同条款。

《政府采购非招标采购方式管理办法》

规章

第四十四条

询价采购需求中的技术、服务等要求应当完整、明确，符合相关法律、行政法规和政府采购政策的规定。

第四十五条

从询价通知书发出之日起至供应商提交响应文件截止之日止不得少于3个工作日。

提交响应文件截止之日前，采购人、采购代理机构或者询价小组可以对已发出的询价通知书进行必要的澄清或者修改，澄清或者修改的内容作为询价通知书的组成部分。澄清或者修改的内容可能影响响应文件编制的，采购人、采购代理机构或者询价小组应当在提交响应文件截止之日3个工作日前，以书面形式通知所有接收询价通知书的供应商，不足3个工作日的，应当顺延提交响应文件截止之日。

第四十六条

询价小组在询价过程中，不得改变询价通知书所确定的技术和服务等要求、评审程序、评定成交的标准和合同文本等事项。

第四十七条

参加询价采购活动的供应商，应当按照询价通知书的规定一次报出不得更改的价格。

第四十八条

询价小组应当从质量和服务均能满足采购文件实质性响应要求的供应商中，按照报价由低到高的顺序提出3名以上成交候选人，并编写评审报告。

第四十九条

采购代理机构应当在评审结束后2个工作日内将评审报告送采购人确认。

采购人应当在收到评审报告后5个工作日内，从评审报告提出的成交候选人中，根据质量和服务均能满足采购文件实质性响应要求且报价最低的原则确定成交供应商，也可以书面授权询价小组直接确定成交供应商。采购人逾期未确定成交供应商且不提出异议的，视为确定评审报告提出的最后报价最低的供应商为成交供应商。

第五十条

出现下列情形之一的，采购人或者采购代理机构应当终止询价采购活动，发布项目终止公告并说明原因，重新开展采购活动：

（一）因情况变化，不再符合规定的询价采购方式适用情形的；

（二）出现影响采购公正的违法、违规行为的；

（三）在采购过程中符合竞争要求的供应商或者报价未超过采购预算的供应商不足3家的。

3.3.6　竞争性磋商

《政府采购竞争性磋商采购方式管理暂行办法》

规章

第二条

本办法所称竞争性磋商采购方式，是指采购人、政府采购代理机构通过组建竞争性磋商小组（以下简称磋商小组）与符合条件的供应商就采购货物、工程和服务事宜进行磋商，供应商按照磋商文件的要求提交响应文件和报价，采购人从磋商小组评审后提出的候选供应商名单中确定成交供应商的采购方式。

第三条

符合下列情形的项目，可以采用竞争性磋商方式开展采购：

（一）政府购买服务项目；

（二）技术复杂或者性质特殊，不能确定详细规格或者具体要求的；

（三）因艺术品采购、专利、专有技术或者服务的时间、数量事先不能确定等原因不能事先计算出价格总额的；

（四）市场竞争不充分的科研项目，以及需要扶持的科技成果转化项目；

（五）按照招标投标法及其实施条例必须进行招标的工程建设项目以外的工程建设项目。

第四条

达到公开招标数额标准的货物、服务采购项目，拟采用竞争性磋商采购方式的，采购人应当在采购活动开始前，报经主管预算单位同意后，依法向设区的市、自治州以上人民政府财政部门申请批准。

第五条

采购人、采购代理机构应当按照政府采购法和本办法的规定组织开展竞争性磋商，并采取必要措施，保证磋商在严格保密的情况下进行。

任何单位和个人不得非法干预、影响磋商过程和结果。

第六条

采购人、采购代理机构应当通过发布公告、从省级以上财政部门建立的供应商库中随机抽取或者采购人和评审专家分别书面推荐的方式邀请不少于3家符合相应资格条件的供应商参与竞争性磋商采购活动。

符合政府采购法第二十二条第一款规定条件的供应商可以在采购活动开始前加入供应商库。财政部门不得对供应商申请入库收取任何费用，不得利用供应商库进行地区和行业封锁。

采取采购人和评审专家书面推荐方式选择供应商的，采购人和评审专家应当各自出具书面推荐意见。采购人推荐供应商的比例不得高于推荐供应商总数的50%。

第七条

采用公告方式邀请供应商的，采购人、采购代理机构应当在省级以上人民政府财政部门指定的政府采购信息发布媒体发布竞争性磋商公告。竞争性磋商公告应当包括以下主要内容：

（一）采购人、采购代理机构的名称、地点和联系方法；

（二）采购项目的名称、数量、简要规格描述或项目基本概况介绍；

（三）采购项目的预算；

（四）供应商资格条件；

（五）获取磋商文件的时间、地点、方式及磋商文件售价；

（六）响应文件提交的截止时间、开启时间及地点；

（七）采购项目联系人姓名和电话。

第八条

竞争性磋商文件（以下简称磋商文件）应当根据采购项目的特点和采购人的实际需求制定，并经采购人书面同意。采购人应当以满足实际需求为原则，不得擅自提高经费预算和资产配置等采购标准。

磋商文件不得要求或者标明供应商名称或者特定货物的品牌，不得含有指向特定供应商的技术、服务等条件。

第九条

磋商文件应当包括供应商资格条件、采购邀请、采购方式、采购预算、采购需求、政府采购政策要求、评审程序、评审方法、评审标准、价格构成或者报价要求、响应文件编制要求、保证金交纳数额和形式以及不予退还保证金的情形、磋商过程中可能实质性变动的内容、响应文件提交的截止时间、开启时间及地点以及合同草案条款等。

第十条

从磋商文件发出之日起至供应商提交首次响应文件截止之日止不得少于10日。

磋商文件售价应当按照弥补磋商文件制作成本费用的原则确定，不得以营利为目的，不得以项目预算金额作为确定磋商文件售价依据。磋商文件的发售期限自开始之日起不得少于5个工作日。

提交首次响应文件截止之日前，采购人、采购代理机构或者磋商小组可以对已发出的磋商文件进行必要的澄清或者修改，澄清或者修改的内容作为磋商文件的组成部分。澄清或者修改的内容可能影响响应文件编制的，采购人、采购代理机构应当在提交首次响应文件截止时间至少5日前，以书面形式通知所有获取磋商文件的供应商；不足5日的，采购人、采购代理机构应当顺延提交首次响应文件截止时间。

第十一条

供应商应当按照磋商文件的要求编制响应文件，并对其提交的响应文件的真实性、合法性承担法律责任。

第十二条

采购人、采购代理机构可以要求供应商在提交响应文件截止时间之前交纳磋商保证金。磋商保证金应当采用支票、汇票、本票或者金融机构、担保机构出具的保函等非现金形式交纳。磋商保证金数额应当不超过采购项目预算的2%。供应商未按照磋商文件要求提交磋商保证金的，响应无效。

供应商为联合体的，可以由联合体中的一方或者多方共同交纳磋商保证金，其交纳的保证金对联合体各方均具有约束力。

第十三条

供应商应当在磋商文件要求的截止时间前，将响应文件密封送达指定地点。在截止时间后送达的响应文件为无效文件，采购人、采购代理机构或者磋商小组应当拒收。

供应商在提交响应文件截止时间前，可以对所提交的响应文件进行补充、修改或者撤回，并书面通知采购人、采购代理机构。补充、修改的内容作为响应文件的组成部分。补充、修改的内容与响应文件不一致的，以补充、修改的内容为准。

第十四条

磋商小组由采购人代表和评审专家共 3 人以上单数组成，其中评审专家人数不得少于磋商小组成员总数的2/3。采购人代表不得以评审专家身份参加本部门或本单位采购项目的评审。采购代理机构人员不得参加本机构代理的采购项目的评审。

采用竞争性磋商方式的政府采购项目，评审专家应当从政府采购评审专家库内相关专业的专家名单中随机抽取。符合本办法第三条第四项规定情形的项目，以及情况特殊、通过随机方式难以确定合适的评审专家的项目，经主管预算单位同意，可以自行选定评审专家。技术复杂、专业性强的采购项目，评审专家中应当包含 1 名法律专家。

第十五条

评审专家应当遵守评审工作纪律，不得泄露评审情况和评审中获悉的商业秘密。

磋商小组在评审过程中发现供应商有行贿、提供虚假材料或者串通等违法行为的，应当及时向财政部门报告。

评审专家在评审过程中受到非法干涉的，应当及时向财政、监察等部门举报。

第十六条

磋商小组成员应当按照客观、公正、审慎的原则，根据磋商文件规定的评审程序、评审方法和评审标准进行独立评审。未实质性响应磋商文件的响应文件按无效响应处理，磋商小组应当告知提交响应文件的供应商。

磋商文件内容违反国家有关强制性规定的，磋商小组应当停止评审并向采购人或者采购代理机构说明情况。

第十七条

采购人、采购代理机构不得向磋商小组中的评审专家作倾向性、误导性的解释或者说明。

采购人、采购代理机构可以视采购项目的具体情况，组织供应商进行现场考察或召开磋商前答疑会，但不得单独或分别组织只有一个供应商参加的现场考察和答疑会。

第十八条

磋商小组在对响应文件的有效性、完整性和响应程度进行审查时，可以要求供应商对响应文件中含义不明确、同类问题表述不一致或者有明显文字和计算错误的内容等作出必要的澄清、说明或者更正。供应商的澄清、说明或者更正不得超出响应文件的范围或者改变响应文件的实质性内容。

磋商小组要求供应商澄清、说明或者更正响应文件应当以书面形式作出。供应商的澄清、说明或者更正应当由法定代表人或其授权代表签字或者加盖公章。由授权代表签字的，应当附法定代表人授权书。供应商为自然人的，应当由本人签字并附身份证明。

第十九条

磋商小组所有成员应当集中与单一供应商分别进行磋商，并给予所有参加磋商的供应商平等的磋商机会。

第二十条

在磋商过程中，磋商小组可以根据磋商文件和磋商情况实质性变动采购需求中的技术、服务要求以及合同草案条款，但不得变动磋商文件中的其他内容。实质性变动的内容，须经采购人代表确认。

对磋商文件作出的实质性变动是磋商文件的有效组成部分，磋商小组应当及时以书面形式同时通知所有参加磋商的供应商。

供应商应当按照磋商文件的变动情况和磋商小组的要求重新提交响应文件，并由其法定代表人或授权代表签字或者加盖公章。由授权代表签字的，应当附法定代表人授权书。供应商为自然人的，应当由本人签字并附身份证明。

第三十四条

出现下列情形之一的，采购人或者采购代理机构应当终止竞争性磋商采购活动，发布项目终止公告并说明原因，重新开展采购活动：

（一）因情况变化，不再符合规定的竞争性磋商采购方式适用情形的；

（二）出现影响采购公正的违法、违规行为的；

（三）除本办法第二十一条第三款规定的情形外，在采购过程中符合要求的供应商或者报价未超过采购预算的供应商不足3家的。

第三十五条

在采购活动中因重大变故，采购任务取消的，采购人或者采购代理机构应当终止采购活动，通知所有参加采购活动的供应商，并将项目实施情况和采购任务取消原因报送本级财政部门。

《财政部关于政府采购竞争性磋商采购方式管理暂行办法有关问题的补充通知》

规章

采用竞争性磋商采购方式采购的政府购买服务项目（含政府和社会资本合作项目），在采购过程中符合要求的供应商（社会资本）只有2家的，竞争性磋商采购活动可以继续进行。采购过程中符合要求的供应商（社会资本）只有1家的，采购人（项目实施机构）或者采购代理机构应当终止竞争性磋商采购活动，发布项目终止公告并说明原因，重新开展采购活动。

3.3.7 框架协议采购

《政府采购框架协议采购方式管理暂行办法》

规章

第二条

框架协议采购，是指集中采购机构或者主管预算单位对技术、服务等标准明确、统一，需要多次重复采购的货物和服务，通过公开征集程序，确定第一阶段入围供应商并订立框架协议，采购人或者服务对象按照框架协议约定规则，在入围供应商范围内确定第二阶段成交供应商并订立采购合同的采购方式。

前款所称主管预算单位是指负有编制部门预算职责，向本级财政部门申报预算的国家机关、事业单位和团体组织。

第三条

符合下列情形之一的，可以采用框架协议采购方式采购：

（一）集中采购目录以内品目，以及与之配套的必要耗材、配件等，属于小额零星采购的；

（二）集中采购目录以外，采购限额标准以上，本部门、本系统行政管理所需的法律、评估、会计、审计等鉴证咨询服务，属于小额零星采购的；

（三）集中采购目录以外，采购限额标准以上，为本部门、本系统以外的服务对象提供服务的政府购买服务项目，需要确定2家以上供应商由服务对象自主选择的；

（四）国务院财政部门规定的其他情形。

前款所称采购限额标准以上，是指同一品目或者同一类别的货物、服务年度采购预算达到采购限额标准以上。

属于本条第一款第二项情形，主管预算单位能够归集需求形成单一项目进行采购，通过签订时间、地点、数量不确定的采购合同满足需求的，不得采用框架协议采购方式。

第五条

集中采购目录以内品目以及与之配套的必要耗材、配件等，采用框架协议采购的，由集中采购机构负责征集程序和订立框架协议。

集中采购目录以外品目采用框架协议采购的，由主管预算单位负责征集程序和订立框架协议。其他预算单位确有需要的，经其主管预算单位批准，可以采用框架协议采购方式采购。其他预算单位采用框架协议采购方式采购的，应当遵守本办法关于主管预算单位的规定。

主管预算单位可以委托采购代理机构代理框架协议采购，采购代理机构应当在委托的范围内依法开展采购活动。

集中采购机构、主管预算单位及其委托的采购代理机构，本办法统称征集人。

第六条

框架协议采购遵循竞争择优、讲求绩效的原则，应当有明确的采购标的和定价机制，不得采用供应商符合资格条件即入围的方法。

第七条

框架协议采购应当实行电子化采购。

第八条

集中采购机构采用框架协议采购的，应当拟定采购方案，报本级财政部门审核后实施。主管预算单位采用框架协议采购的，应当在采购活动开始前将采购方案报本级财政部门备案。

第四条

框架协议采购包括封闭式框架协议采购和开放式框架协议采购。

封闭式框架协议采购是框架协议采购的主要形式。除法律、行政法规或者本办法另有规定外，框架协议采购应当采用封闭式框架协议采购。

第九条

封闭式框架协议采购是指符合本办法第三条规定情形，通过公开竞争订立框架协议后，除经过框架协议约定的补充征集程序外，不得增加协议供应商的框架协议采购。

封闭式框架协议的公开征集程序，按照政府采购公开招标的规定执行，本办法另有规定的，从其规定。

第十条

开放式框架协议采购是指符合本条第二款规定情形，明确采购需求和付费标准等框架协议条件，愿意接受协议条件的供应商可以随时申请加入的框架协议采购。开放式框架协议的公开征集程序，按照本办法规定执行。

符合下列情形之一的，可以采用开放式框架协议采购：

（一）本办法第三条第一款第一项规定的情形，因执行政府采购政策不宜淘汰供应商的，或者受基础设施、行政许可、知识产权等限制，供应商数量在 3 家以下且不宜淘汰供应商的；

（二）本办法第三条第一款第三项规定的情形，能够确定统一付费标准，因地域等服务便利性要求，需要接纳所有愿意接受协议条件的供应商加入框架协议，以供服务对象自主选择的。

第十一条

集中采购机构或者主管预算单位应当确定框架协议采购需求。框架协议采购需求在框架协议有效期内不得变动。

确定框架协议采购需求应当开展需求调查，听取采购人、供应商和专家等意见。面向采购人和供应商开展需求调查时，应当选择具有代表性的调查对象，调查对象一般各不少于3个。

第十二条

框架协议采购需求应当符合以下规定：

（一）满足采购人和服务对象实际需要，符合市场供应状况和市场公允标准，在确保功能、性能和必要采购要求的情况下促进竞争；

（二）符合预算标准、资产配置标准等有关规定，厉行节约，不得超标准采购；

（三）按照《政府采购品目分类目录》，将采购标的细化到底级品目，并细分不同等次、规格或者标准的采购需求，合理设置采购包；

（四）货物项目应当明确货物的技术和商务要求，包括功能、性能、材料、结构、外观、安全、包装、交货期限、交货的地域范围、售后服务等；

（五）服务项目应当明确服务内容、服务标准、技术保障、服务人员组成、服务交付或者实施的地域范围，以及所涉及的货物的质量标准、服务工作量的计量方式等。

第十三条

集中采购机构或者主管预算单位应当在征集公告和征集文件中确定框架协议采购的最高限制单价。征集文件中可以明确量价关系折扣，即达到一定采购数量，价格应当按照征集文件中明确的折扣降低。在开放式框架协议中，付费标准即为最高限制单价。

最高限制单价是供应商第一阶段响应报价的最高限价。入围供应商第一阶段响应报价（有量价关系折扣的，包括量价关系折扣，以下统称协议价格）是采购人或者服务对象确定第二阶段成交供应商的最高限价。

确定最高限制单价时，有政府定价的，执行政府定价；没有政府定价的，应当通过需求调查，并根据需求标准科学确定，属于本办法第十条第二款第一项规定情形的采购项目，需要订立开放式框架协议的，与供应商协商确定。

货物项目单价按照台（套）等计量单位确定，其中包含售后服务等相关服务费用。服务项目单价按照单位采购标的价格或者人工单价等确定。服务项目所涉及的货物的费用，能够折算入服务项目单价的应当折入，需要按实结算的应当明确结算规则。

第十四条

框架协议应当包括以下内容：

（一）集中采购机构或者主管预算单位以及入围供应商的名称、地址和联系方式；

（二）采购项目名称、编号；

（三）采购需求以及最高限制单价；

（四）封闭式框架协议第一阶段的入围产品详细技术规格或者服务内容、服务标准，协议价格；

（五）入围产品升级换代规则；

（六）确定第二阶段成交供应商的方式；

（七）适用框架协议的采购人或者服务对象范围，以及履行合同的地域范围；

（八）资金支付方式、时间和条件；

（九）采购合同文本，包括根据需要约定适用的简式合同或者具有合同性质的凭单、订单；

（十）框架协议期限；

（十一）入围供应商清退和补充规则；

（十二）协议方的权利和义务；

（十三）需要约定的其他事项。

第十五条

集中采购机构或者主管预算单位应当根据工作需要和采购标的市场供应及价格变化情况，科学合理确定框架协议期限。货物项目框架协议有效期一般不超过1年，服务项目框架协议有效期一般不超过2年。

第十六条

集中采购机构或者主管预算单位应当根据框架协议约定，组织落实框架协议的履行，并履行下列职责：

（一）为第二阶段合同授予提供工作便利；

（二）对第二阶段最高限价和需求标准执行情况进行管理；

（三）对第二阶段确定成交供应商情况进行管理；

（四）根据框架协议约定，在质量不降低、价格不提高的前提下，对入围供应商因产品升级换代、用新产品替代原入围产品的情形进行审核；

（五）建立用户反馈和评价机制，接受采购人和服务对象对入围供应商履行框架协议和采购合同情况的反馈与评价，并将用户反馈和评价情况向采购人和服务对象公开，作为第二阶段直接选定成交供应商的参考；

（六）公开封闭式框架协议的第二阶段成交结果；

（七）办理入围供应商清退和补充相关事宜。

第十七条

采购人或者服务对象采购框架协议约定的货物、服务，应当将第二阶段的采购合同授予入围供应商，但是本办法第三十七条另有规定的除外。

同一框架协议采购应当使用统一的采购合同文本，采购人、服务对象和供应商不得擅自改变框架协议约定的合同实质性条款。

第十八条

货物项目框架协议的入围供应商应当为入围产品生产厂家或者生产厂家唯一授权供应商。入围供应商可以委托一家或者多家代理商，按照框架协议约定接受采购人合同授予，并履行采购合同。入围供应商应当在框架协议中提供委托协议和委托的代理商名单。

第十九条

入围供应商有下列情形之一，尚未签订框架协议的，取消其入围资格；已经签订框架协议的，解除与其签订的框架协议：

（一）恶意串通谋取入围或者合同成交的；

（二）提供虚假材料谋取入围或者合同成交的；

（三）无正当理由拒不接受合同授予的；

（四）不履行合同义务或者履行合同义务不符合约定，经采购人请求履行后仍不履行或者仍未按约定履行的；

（五）框架协议有效期内，因违法行为被禁止或限制参加政府采购活动的；

（六）框架协议约定的其他情形。

被取消入围资格或者被解除框架协议的供应商不得参加同一封闭式框架协议补充征集，或者重新申请加入同一开放式框架协议。

第二十条

封闭式框架协议入围供应商无正当理由，不得主动放弃入围资格或者退出框架协议。

开放式框架协议入围供应商可以随时申请退出框架协议。集中采购机构或者主管预算单位应当在收到退出申请2个工作日内，发布入围供应商退出公告。

第二十一条

征集人应当建立真实完整的框架协议采购档案，妥善保存每项采购活动的采购文件资料。除征集人和采购人另有约定外，合同授予的采购文件资料由采购人负责保存。

采购档案可以采用电子形式保存，电子档案和纸质档案具有同等效力。

第二十二条

征集人应当发布征集公告。征集公告应当包括以下主要内容：

（一）征集人的名称、地址、联系人和联系方式；

（二）采购项目名称、编号，采购需求以及最高限制单价，适用框架协议的采购人或者服务对象范围，能预估采购数量的，还应当明确预估采购数量；

（三）供应商的资格条件；

（四）框架协议的期限；

（五）获取征集文件的时间、地点和方式；

（六）响应文件的提交方式、提交截止时间和地点，开启方式、时间和地点；

（七）公告期限；

（八）省级以上财政部门规定的其他事项。

第二十三条

征集人应当编制征集文件。征集文件应当包括以下主要内容：

（一）参加征集活动的邀请；

（二）供应商应当提交的资格材料；

（三）资格审查方法和标准；

（四）采购需求以及最高限制单价；

（五）政府采购政策要求以及政策执行措施；

（六）框架协议的期限；

（七）报价要求；

（八）确定第一阶段入围供应商的评审方法、评审标准、确定入围供应商的淘汰率或者入围供应商数量上限和响应文件无效情形；

（九）响应文件的编制要求，提交方式、提交截止时间和地点，开启方式、时间和地点，以及响应文件有效期；

（十）拟签订的框架协议文本和采购合同文本；

（十一）确定第二阶段成交供应商的方式；

（十二）采购资金的支付方式、时间和条件；

（十三）入围产品升级换代规则；

（十四）用户反馈和评价机制；

（十五）入围供应商的清退和补充规则；

（十六）供应商信用信息查询渠道及截止时点、信用信息查询记录和证据留存的具体方式、信用信息的使用规则等；

（十七）采购代理机构代理费用的收取标准和方式；

（十八）省级以上财政部门规定的其他事项。

第二十四条

供应商应当按照征集文件要求编制响应文件，对响应文件的真实性和合法性承担法律责任。

供应商响应的货物和服务的技术、商务等条件不得低于采购需求，货物原则上应当是市场上已有销售的规格型号，不得是专供政府采购的产品。对货物项目每个采购包只能用一个产品进行响应，征集文件有要求的，应当同时对产品的选配件、耗材进行报价。服务项目包含货物的，响应文件中应当列明货物清单及质量标准。

第二十五条

确定第一阶段入围供应商的评审方法包括价格优先法和质量优先法。

价格优先法是指对满足采购需求且响应报价不超过最高限制单价的货物、服务，按照响应报价从低到高排序，根据征集文件规定的淘汰率或者入围供应商数量上限，确定入围供应商的评审方法。

质量优先法是指对满足采购需求且响应报价不超过最高限制单价的货物、服务进行质量综合评分，按照质量评分从高到低排序，根据征集文件规定的淘汰率或者入围供应商数量上限，确定入围供应商的评审方法。货物项目质量因素包括采购标的的技术水平、产品配置、售后服务等，服务项目质量因素包括服务内容、服务水平、供应商的履约能力、服务经验等。质量因素中的可量化指标应当划分等次，作为评分项；质量因素中的其他指标可以作为实质性要求，不得作为评分项。

有政府定价、政府指导价的项目，以及对质量有特别要求的检测、实验等仪器设备，可以采用质量优先法，其他项目应当采用价格优先法。

第二十六条

对耗材使用量大的复印、打印、实验、医疗等仪器设备进行框架协议采购的，应当要求供应商同时对 3 年以上约定期限内的专用耗材进行报价。评审时应当考虑约定期限的专用耗材使用成本，修正仪器设备的响应报价或者质量评分。

征集人应当在征集文件、框架协议和采购合同中规定，入围供应商在约定期限内，应当以不高于其报价的价格向适用框架协议的采购人供应专用耗材。

第二十七条

确定第一阶段入围供应商时，提交响应文件和符合资格条件、实质性要求的供应商应当均不少于 2 家，淘汰比例一般不得低于 20%，且至少淘汰一家供应商。

采用质量优先法的检测、实验等仪器设备采购，淘汰比例不得低于 40%，且至少淘汰一家供应商。

第二十八条

入围结果公告应当包括以下主要内容：

（一）采购项目名称、编号；

（二）征集人的名称、地址、联系人和联系方式；

（三）入围供应商名称、地址及排序；

（四）最高入围价格或者最低入围分值；

（五）入围产品名称、规格型号或者主要服务内容及服务标准，入围单价；

（六）评审小组成员名单；

（七）采购代理服务收费标准及金额；

（八）公告期限；

（九）省级以上财政部门规定的其他事项。

第二十九条

集中采购机构或者主管预算单位应当在入围通知书发出之日起 30 日内和入围供应商签订框架协议，并在框架协议签订后 7 个工作日内，将框架协议副本报本级财政部门备案。

框架协议不得对征集文件确定的事项以及入围供应商的响应文件作实质性修改。

第三十条

征集人应当在框架协议签订后 3 个工作日内通过电子化采购系统将入围信息告知适用框架协议的所有采购人或者服务对象。

入围信息应当包括所有入围供应商的名称、地址、联系方式、入围产品信息和协议价格等内容。入围产品信息应当详细列明技术规格或者服务内容、服务标准等能反映产品质量特点的内容。

征集人应当确保征集文件和入围信息在整个框架协议有效期内随时可供公众查阅。

第三十一条

除剩余入围供应商不足入围供应商总数 70% 且影响框架协议执行的情形外，框架协议有效期内，征集人不得补充征集供应商。

征集人补充征集供应商的，补充征集规则应当在框架协议中约定，补充征集的条件、程序、评审方法和淘汰比例应当与初次征集相同。补充征集应当遵守原框架协议的有效期。补充征集期间，原框架协议继续履行。

第三十八条

订立开放式框架协议的，征集人应当发布征集公告，邀请供应商加入框架协议。征集公告应当包括以下主要内容：

（一）本办法第二十二条第一项至四项和第二十三条第二项至三项、第十三项至十六项内容；

（二）订立开放式框架协议的邀请；

（三）供应商提交加入框架协议申请的方式、地点，以及对申请文件的要求；

（四）履行合同的地域范围、协议方的权利和义务、入围供应商的清退机制等框架协议内容；

（五）采购合同文本；

（六）付费标准，费用结算及支付方式；

（七）省级以上财政部门规定的其他事项。

第三十九条

征集公告发布后至框架协议期满前，供应商可以按照征集公告要求，随时提交加入框架协议的申请。征集人应当在收到供应商申请后 7 个工作日内完成审核，并将审核结果书面通知申请供应商。

第四十条

征集人应当在审核通过后 2 个工作日内，发布入围结果公告，公告入围供应商名称、地址、联系方式及付费标准，并动态更新入围供应商信息。

征集人应当确保征集公告和入围结果公告在整个框架协议有效期内随时可供公众查阅。

第四十一条

征集人可以根据采购项目特点，在征集公告中申明是否与供应商另行签订书面框架协议。申明不再签订书面框架协议的，发布入围结果公告，视为签订框架协议。

第四十二条

第二阶段成交供应商由采购人或者服务对象从第一阶段入围供应商中直接选定。

供应商履行合同后，依据框架协议约定的凭单、订单以及结算方式，与采购人进行费用结算。

第4章 采购合同订立与执行

H1 4.1 合同订立

H3《政府采购法》

法律

第四十三条

政府采购合同适用合同法。采购人和供应商之间的权利和义务，应当按照平等、自愿的原则以合同方式约定。

采购人可以委托采购代理机构代表其与供应商签订政府采购合同。由采购代理机构以采购人名义签订合同的，应当提交采购人的授权委托书，作为合同附件。

第四十四条

政府采购合同应当采用书面形式。

第四十五条

国务院政府采购监督管理部门应当会同国务院有关部门，规定政府采购合同必须具备的条款。

第四十六条

采购人与中标、成交供应商应当在中标、成交通知书发出之日起三十日内，按照采购文件确定的事项签订政府采购合同。

中标、成交通知书对采购人和中标、成交供应商均具有法律效力。中标、成交通知书发出后，采购人改变中标、成交结果的，或者中标、成交供应商放弃中标、成交项目的，应当依法承担法律责任。

第四十七条

政府采购项目的采购合同自签订之日起七个工作日内，采购人应当将合同副本报同级政府采购监督管理部门和有关部门备案。

第四十八条

经采购人同意，中标、成交供应商可以依法采取分包方式履行合同。

政府采购合同分包履行的，中标、成交供应商就采购项目和分包项目向采购人负责，分包供应商就分包项目承担责任。

《政府采购法实施条例》

法规

第十六条

政府采购法第二十条规定的委托代理协议，应当明确代理采购的范围、权限和期限等具体事项。

采购人和采购代理机构应当按照委托代理协议履行各自义务，采购代理机构不得超越代理权限。

第四十八条

采购文件要求中标或者成交供应商提交履约保证金的，供应商应当以支票、汇票、本票或者金融机构、担保机构出具的保函等非现金形式提交。履约保证金的数额不得超过政府采购合同金额的 10%。

第四十九条

中标或者成交供应商拒绝与采购人签订合同的，采购人可以按照评审报告推荐的中标或者成交候选人名单排序，确定下一候选人为中标或者成交供应商，也可以重新开展政府采购活动。

第五十条

采购人应当自政府采购合同签订之日起 2 个工作日内，将政府采购合同在省级以上人民政府财政部门指定的媒体上公告，但政府采购合同中涉及国家秘密、商业秘密的内容除外。

第五十一条

采购人应当按照政府采购合同规定，及时向中标或者成交供应商支付采购资金。

政府采购项目资金支付程序，按照国家有关财政资金支付管理的规定执行。

《政府采购非招标采购方式管理办法》

规章

第十九条

采购人与成交供应商应当在成交通知书发出之日起 30 日内，按照采购文件确定的合同文本以及采购标的、规格型号、采购金额、采购数量、技术和服务要求等事项签订政府采购合同。

采购人不得向成交供应商提出超出采购文件以外的任何要求作为签订合同的条件，不得与成交供应商订立背离采购文件确定的合同文本以及采购标的、规格型号、采购金额、采购数量、技术和服务要求等实质性内容的协议。

第二十二条

除不可抗力等因素外，成交通知书发出后，采购人改变成交结果，或者成交供应商拒绝签订政府采购合同的，应当承担相应的法律责任。

成交供应商拒绝签订政府采购合同的，采购人可以按照本办法第三十六条第二款、第四十九条第二款规定的原则确定其他供应商作为成交供应商并签订政府采购合同，也可以重新开展采购活动。拒绝签订政府采购合同的成交供应商不得参加对该项目重新开展的采购活动。

H3《政府采购竞争性磋商采购方式管理暂行办法》

规章

第三十条

采购人与成交供应商应当在成交通知书发出之日起30日内，按照磋商文件确定的合同文本以及采购标的、规格型号、采购金额、采购数量、技术和服务要求等事项签订政府采购合同。

采购人不得向成交供应商提出超出磋商文件以外的任何要求作为签订合同的条件，不得与成交供应商订立背离磋商文件确定的合同文本以及采购标的、规格型号、采购金额、采购数量、技术和服务要求等实质性内容的协议。

H3《政府采购货物和服务招标投标管理办法》

规章

第六十八条

采购代理机构应当在评标结束后2个工作日内将评标报告送采购人。

采购人应当自收到评标报告之日起5个工作日内，在评标报告确定的中标候选人名单中按顺序确定中标人。中标候选人并列的，由采购人或者采购人委托评标委员会按照招标文件规定的方式确定中标人；招标文件未规定的，采取随机抽取的方式确定。

采购人自行组织招标的，应当在评标结束后5个工作日内确定中标人。

采购人在收到评标报告5个工作日内未按评标报告推荐的中标候选人顺序确定中标人，又不能说明合法理由的，视同按评标报告推荐的顺序确定排名第一的中标候选人为中标人。

第六十九条

采购人或者采购代理机构应当自中标人确定之日起2个工作日内，在省级以上财政部门指定的媒体上公告中标结果，招标文件应当随中标结果同时公告。

中标结果公告内容应当包括采购人及其委托的采购代理机构的名称、地址、联系方式，项目名称和项目编号，中标人名称、地址和中标金额，主要中标标的的名称、规格型号、数量、单价、服务要求，中标公告期限以及评审专家名单。

中标公告期限为1个工作日。

邀请招标采购人采用书面推荐方式产生符合资格条件的潜在投标人的，还应当将所有被推荐供应商名单和推荐理由随中标结果同时公告。

在公告中标结果的同时，采购人或者采购代理机构应当向中标人发出中标通知书；对未通过资格审查的投标人，应当告知其未通过的原因；采用综合评分法评审的，还应当告知未中标人本人的评审得分与排序。

第七十条

中标通知书发出后，采购人不得违法改变中标结果，中标人无正当理由不得放弃中标。

第七十一条

采购人应当自中标通知书发出之日起30日内，按照招标文件和中标人投标文件的规定，与中标人签订书面合同。所签订的合同不得对招标文件确定的事项和中标人投标文件作实质性修改。

采购人不得向中标人提出任何不合理的要求作为签订合同的条件。

第七十二条

政府采购合同应当包括采购人与中标人的名称和住所、标的、数量、质量、价款或者报酬、履行期限及地点和方式、验收要求、违约责任、解决争议的方法等内容。

H3《政府采购框架协议采购方式管理暂行办法》

规章

第三十二条

确定第二阶段成交供应商的方式包括直接选定、二次竞价和顺序轮候。

直接选定方式是确定第二阶段成交供应商的主要方式。除征集人根据采购项目特点和提高绩效等要求，在征集文件中载明采用二次竞价或者顺序轮候方式外，确定第二阶段成交供应商应当由采购人或者服务对象依据入围产品价格、质量以及服务便利性、用户评价等因素，从第一阶段入围供应商中直接选定。

第三十三条

二次竞价方式是指以框架协议约定的入围产品、采购合同文本等为依据，以协议价格为最高限价，采购人明确第二阶段竞价需求，从入围供应商中选择所有符合竞价需求的供应商参与二次竞价，确定报价最低的为成交供应商的方式。

进行二次竞价应当给予供应商必要的响应时间。

二次竞价一般适用于采用价格优先法的采购项目。

第三十四条

顺序轮候方式是指根据征集文件中确定的轮候顺序规则，对所有入围供应商依次授予采购合同的方式。

每个入围供应商在一个顺序轮候期内，只有一次获得合同授予的机会。合同授予顺序确定后，应当书面告知所有入围供应商。除清退入围供应商和补充征集外，框架协议有效期内不得调整合同授予顺序。

顺序轮候一般适用于服务项目。

第三十五条

以二次竞价或者顺序轮候方式确定成交供应商的，征集人应当在确定成交供应商后2个工作日内逐笔发布成交结果公告。

成交结果单笔公告可以在省级以上财政部门指定的媒体上发布，也可以在开展框架协议采购的电子化采购系统发布，发布成交结果公告的渠道应当在征集文件或者框架协议中告知供应商。单笔公告应当包括以下主要内容：

（一）采购人的名称、地址和联系方式；

（二）框架协议采购项目名称、编号；

（三）成交供应商名称、地址和成交金额；

（四）成交标的名称、规格型号或者主要服务内容及服务标准、数量、单价；

（五）公告期限。

征集人应当在框架协议有效期满后10个工作日内发布成交结果汇总公告。汇总公告应当包括前款第一项、第二项内容和所有成交供应商的名称、地址及其成交合同总数和总金额。

第三十六条

框架协议采购应当订立固定价格合同。

根据实际采购数量和协议价格确定合同总价的，合同中应当列明实际采购数量或者计量方式，包括服务项目用于计算合同价的工日数、服务工作量等详细工作量清单。采购人应当要求供应商提供能证明其按照合同约定数量或者工作量清单履约的相关记录或者凭证，作为验收资料一并存档。

第三十七条

采购人证明能够以更低价格向非入围供应商采购相同货物，且入围供应商不同意将价格降至非入围供应商以下的，可以将合同授予非入围供应商。

采购项目适用前款规定的，征集人应当在征集文件中载明并在框架协议中约定。

采购人将合同授予非入围供应商的，应当在确定成交供应商后 1 个工作日内，将成交结果抄送征集人，由征集人按照单笔公告要求发布成交结果公告。采购人应当将相关证明材料和采购合同一并存档备查。

《中央单位政府采购管理实施办法》

规章

第四十条

政府采购应当签订书面合同。采购合同应当由项目使用单位与中标、成交供应商签订，也可以根据具体组织形式委托主管部门、集中采购机构或其他政府采购代理机构与中标、成交供应商签订。

由主管部门、集中采购机构和其他政府采购代理机构与中标、成交供应商签订合同的，应当在合同条款中明确各自的权利和义务。

第四十一条

政府采购合同应当自签订之日起 7 个工作日内，将合同副本报财政部备案。

第四十二条

中标、成交通知书发出时间超过 30 日，中央单位或中标、成交供应商任何一方拒绝签订合同的，违约一方应当向对方支付采购文件中规定的违约金。

《政府采购需求管理办法》

规章

第二十二条

合同类型按照民法典规定的典型合同类别，结合采购标的的实际情况确定。

第二十三条

合同文本应当包含法定必备条款和采购需求的所有内容，包括但不限于标的名称，采购标的质量、数量（规模），履行时间（期限）、地点和方式，包装方式，价款或者报酬、付款进度安排、资金支付方式，验收、交付标准和方法，质量保修范围和保修期，违约责任与解决争议的方法等。

采购项目涉及采购标的的知识产权归属、处理的，如订购、设计、定制开发的信息化建设项目等，应当约定知识产权的归属和处理方式。采购人可以根据项目特点划分合同履行阶段，明确分期考核要求和对应的付款进度安排。对于长期运行的项目，要充分考虑成本、收益以及可能出现的重大市场风险，在合同中约定成本补偿、风险分担等事项。

合同权利义务要围绕采购需求和合同履行设置。国务院有关部门依法制定了政府采购合同标准文本的，应当使用标准文本。属于本办法第十一条规定范围的采购项目，合同文本应当经过采购人聘请的法律顾问审定。

4.2　合同执行

《政府采购法》

法律

第四十九条

政府采购合同履行中，采购人需追加与合同标的相同的货物、工程或者服务的，在不改变合同其他条款的前提下，可以与供应商协商签订补充合同，但所有补充合同的采购金额不得超过原合同采购金额的百分之十。

第五十条

政府采购合同的双方当事人不得擅自变更、中止或者终止合同。

政府采购合同继续履行将损害国家利益和社会公共利益的，双方当事人应当变更、中止或者终止合同。有过错的一方应当承担赔偿责任，双方都有过错的，各自承担相应的责任。

《政府采购法实施条例》

法规

第七十一条

有政府采购法第七十一条、第七十二条规定的违法行为之一，影响或者可能影响中标、成交结果的，依照下列规定处理：

（一）未确定中标或者成交供应商的，终止本次政府采购活动，重新开展政府采购活动。

（二）已确定中标或者成交供应商但尚未签订政府采购合同的，中标或者成交结果无效，从合格的中标或者成交候选人中另行确定中标或者成交供应商；没有合格的中标或者成交候选人的，重新开展政府采购活动。

（三）政府采购合同已签订但尚未履行的，撤销合同，从合格的中标或者成交候选人中另行确定中标或者成交供应商；没有合格的中标或者成交候选人的，重新开展政府采购活动。

（四）政府采购合同已经履行，给采购人、供应商造成损失的，由责任人承担赔偿责任。

政府采购当事人有其他违反政府采购法或者本条例规定的行为，经改正后仍然影响或者可能影响中标、成交结果或者依法被认定为中标、成交无效的，依照前款规定处理。

《政府采购货物和服务招标投标管理办法》

规章

第七十三条

采购人与中标人应当根据合同的约定依法履行合同义务。

政府采购合同的履行、违约责任和解决争议的方法等适用《中华人民共和国合同法》。

第七十四条

采购人应当及时对采购项目进行验收。采购人可以邀请参加本项目的其他投标人或者第三方机构参与验收。参与验收的投标人或者第三方机构的意见作为验收书的参考资料一并存档。

第七十五条

采购人应当加强对中标人的履约管理，并按照采购合同约定，及时向中标人支付采购资金。对于中标人违反采购合同约定的行为，采购人应当及时处理，依法追究其违约责任。

第七十六条

采购人、采购代理机构应当建立真实完整的招标采购档案，妥善保存每项采购活动的采购文件。

《中央单位政府采购管理实施办法》

规章

第四十三条

中央单位、集中采购机构和其他政府采购代理机构应当按照合同约定，对履约情况进行验收。重大采购项目应当委托国家专业检测机构办理验收事务。

履约验收应当依据事先规定的标准和要求，不得增加新的验收内容或标准。凡符合事先确定标准的，即为验收合格。当事人对验收结论有异议的，应当请国家有关专业检测机构进行检测。

第四十四条

政府采购合同订立后，不得擅自变更、中止或者终止。经合同双方当事人协商一致的，可以依法变更合同。

第四十五条

中央单位应当按合同约定及时支付采购资金。实行国库集中支付试点改革的部门，按国库集中支付规定程序办理资金支付；未实行国库集中支付改革试点的部门，按现行办法由中央单位负责支付。

第四十六条

中央单位应当加强政府采购基础管理工作，建立采购文件档案管理制度。

H3

《政府采购需求管理办法》

规章

第二十四条

履约验收方案要明确履约验收的主体、时间、方式、程序、内容和验收标准等事项。采购人、采购代理机构可以邀请参加本项目的其他供应商或者第三方专业机构及专家参与验收，相关验收意见作为验收的参考资料。政府向社会公众提供的公共服务项目，验收时应当邀请服务对象参与并出具意见，验收结果应当向社会公告。

验收内容要包括每一项技术和商务要求的履约情况，验收标准要包括所有客观、量化指标。不能明确客观标准、涉及主观判断的，可以通过在采购人、使用人中开展问卷调查等方式，转化为客观、量化的验收标准。

分期实施的采购项目，应当结合分期考核的情况，明确分期验收要求。货物类项目可以根据需要设置出厂检验、到货检验、安装调试检验、配套服务检验等多重验收环节。工程类项目的验收方案应当符合行业管理部门规定的标准、方法和内容。

履约验收方案应当在合同中约定。

第二十五条

对于本办法第十一条规定的采购项目，要研究采购过程和合同履行过程中的风险，判断风险发生的环节、可能性、影响程度和管控责任，提出有针对性的处置措施和替代方案。

采购过程和合同履行过程中的风险包括国家政策变化、实施环境变化、重大技术变化、预算项目调整、因质疑投诉影响采购进度、采购失败、不按规定签订或者履行合同、出现损害国家利益和社会公共利益情形等。

第5章　质疑与投诉

H1 5.1　权责划分

H3《政府采购法》

法律

第五十一条

供应商对政府采购活动事项有疑问的，可以向采购人提出询问，采购人应当及时作出答复，但答复的内容不得涉及商业秘密。

第五十二条

供应商认为采购文件、采购过程和中标、成交结果使自己的权益受到损害的，可以在知道或者应知其权益受到损害之日起七个工作日内，以书面形式向采购人提出质疑。

第五十三条

采购人应当在收到供应商的书面质疑后七个工作日内作出答复，并以书面形式通知质疑供应商和其他有关供应商，但答复的内容不得涉及商业秘密。

第五十四条

采购人委托采购代理机构采购的，供应商可以向采购代理机构提出询问或者质疑，采购代理机构应当依照本法第五十一条、第五十三条的规定就采购人委托授权范围内的事项作出答复。

H3《政府采购法实施条例》

法规

第五十六条

财政部门处理投诉事项采用书面审查的方式，必要时可以进行调查取证或者组织质证。

对财政部门依法进行的调查取证，投诉人和与投诉事项有关的当事人应当如实反映情况，并提供相关材料。

第五十七条

投诉人捏造事实、提供虚假材料或者以非法手段取得证明材料进行投诉的，财政部门应当予以驳回。

财政部门受理投诉后，投诉人书面申请撤回投诉的，财政部门应当终止投诉处理程序。

H3《政府采购质疑和投诉办法》

规章

第三条

政府采购供应商（以下简称供应商）提出质疑和投诉应当坚持依法依规、诚实信用原则。

第四条

政府采购质疑答复和投诉处理应当坚持依法依规、权责对等、公平公正、简便高效原则。

第五条

采购人负责供应商质疑答复。采购人委托采购代理机构采购的，采购代理机构在委托授权范围内作出答复。

县级以上各级人民政府财政部门（以下简称财政部门）负责依法处理供应商投诉。

第六条

供应商投诉按照采购人所属预算级次，由本级财政部门处理。

跨区域联合采购项目的投诉，采购人所属预算级次相同的，由采购文件事先约定的财政部门负责处理，事先未约定的，由最先收到投诉的财政部门负责处理；采购人所属预算级次不同的，由预算级次最高的财政部门负责处理。

第七条

采购人、采购代理机构应当在采购文件中载明接收质疑函的方式、联系部门、联系电话和通讯地址等信息。

县级以上财政部门应当在省级以上财政部门指定的政府采购信息发布媒体公布受理投诉的方式、联系部门、联系电话和通讯地址等信息。

第八条

供应商可以委托代理人进行质疑和投诉。其授权委托书应当载明代理人的姓名或者名称、代理事项、具体权限、期限和相关事项。供应商为自然人的，应当由本人签字；供应商为法人或者其他组织的，应当由法定代表人、主要负责人签字或者盖章，并加盖公章。

代理人提出质疑和投诉，应当提交供应商签署的授权委托书。

第九条

以联合体形式参加政府采购活动的，其投诉应当由组成联合体的所有供应商共同提出。

第十四条

供应商对评审过程、中标或者成交结果提出质疑的，采购人、采购代理机构可以组织原评标委员会、竞争性谈判小组、询价小组或者竞争性磋商小组协助答复质疑。

5.2　后续影响

《政府采购法》

法律

第五十七条

政府采购监督管理部门在处理投诉事项期间，可以视具体情况书面通知采购人暂停采购活动，但暂停时间最长不得超过三十日。

《政府采购法实施条例》

法规

第五十四条

询问或者质疑事项可能影响中标、成交结果的，采购人应当暂停签订合同，已经签订合同的，应当中止履行合同。

第五十五条

供应商质疑、投诉应当有明确的请求和必要的证明材料。供应商投诉的事项不得超出已质疑事项的范围。

H3《政府采购质疑和投诉办法》

规章

第十六条

采购人、采购代理机构认为供应商质疑不成立，或者成立但未对中标、成交结果构成影响的，继续开展采购活动；认为供应商质疑成立且影响或者可能影响中标、成交结果的，按照下列情况处理：

（一）对采购文件提出的质疑，依法通过澄清或者修改可以继续开展采购活动的，澄清或者修改采购文件后继续开展采购活动；否则应当修改采购文件后重新开展采购活动。

（二）对采购过程、中标或者成交结果提出的质疑，合格供应商符合法定数量时，可以从合格的中标或者成交候选人中另行确定中标、成交供应商的，应当依法另行确定中标、成交供应商；否则应当重新开展采购活动。

质疑答复导致中标、成交结果改变的，采购人或者采购代理机构应当将有关情况书面报告本级财政部门。

第二十八条

财政部门在处理投诉事项期间，可以视具体情况书面通知采购人和采购代理机构暂停采购活动，暂停采购活动时间最长不得超过30日。

采购人和采购代理机构收到暂停采购活动通知后应当立即中止采购活动，在法定的暂停期限结束前或者财政部门发出恢复采购活动通知前，不得进行该项采购活动。

第三十一条

投诉人对采购文件提起的投诉事项，财政部门经查证属实的，应当认定投诉事项成立。经认定成立的投诉事项不影响采购结果的，继续开展采购活动；影响或者可能影响采购结果的，财政部门按照下列情况处理：

（一）未确定中标或者成交供应商的，责令重新开展采购活动。

（二）已确定中标或者成交供应商但尚未签订政府采购合同的，认定中标或者成交结果无效，责令重新开展采购活动。

（三）政府采购合同已经签订但尚未履行的，撤销合同，责令重新开展采购活动。

（四）政府采购合同已经履行，给他人造成损失的，相关当事人可依法提起诉讼，由责任人承担赔偿责任。

第三十二条

投诉人对采购过程或者采购结果提起的投诉事项，财政部门经查证属实的，应当认定投诉事项成立。经认定成立的投诉事项不影响采购结果的，继续开展采购活动；影响或者可能影响采购结果的，财政部门按照下列情况处理：

（一）未确定中标或者成交供应商的，责令重新开展采购活动。

（二）已确定中标或者成交供应商但尚未签订政府采购合同的，认定中标或者成交结果无效。合格供应商符合法定数量时，可以从合格的中标或者成交候选人中另行确定中标或者成交供应商的，应当要求采购人依法另行确定中标、成交供应商；否则责令重新开展采购活动。

（三）政府采购合同已经签订但尚未履行的，撤销合同。合格供应商符合法定数量时，可以从合格的中标或者成交候选人中另行确定中标或者成交供应商的，应当要求采购人依法另行确定中标、成交供应商；否则责令重新开展采购活动。

（四）政府采购合同已经履行，给他人造成损失的，相关当事人可依法提起诉讼，由责任人承担赔偿责任。

投诉人对废标行为提起的投诉事项成立的，财政部门应当认定废标行为无效。

H1 5.3　处理流程

H3《政府采购法》

法律

第五十五条

质疑供应商对采购人、采购代理机构的答复不满意或者采购人、采购代理机构未在规定的时间内作出答复的，可以在答复期满后十五个工作日内向同级政府采购监督管理部门投诉。

第五十六条

政府采购监督管理部门应当在收到投诉后三十个工作日内，对投诉事项作出处理决定，并以书面形式通知投诉人和与投诉事项有关的当事人。

第五十八条

投诉人对政府采购监督管理部门的投诉处理决定不服或者政府采购监督管理部门逾期未作处理的，可以依法申请行政复议或者向人民法院提起行政诉讼。

H3《政府采购法实施条例》

法规

第五十二条

采购人或者采购代理机构应当在3个工作日内对供应商依法提出的询问作出答复。

供应商提出的询问或者质疑超出采购人对采购代理机构委托授权范围的，采购代理机构应当告知供应商向采购人提出。

政府采购评审专家应当配合采购人或者采购代理机构答复供应商的询问和质疑。

第五十三条

政府采购法第五十二条规定的供应商应知其权益受到损害之日，是指：

（一）对可以质疑的采购文件提出质疑的，为收到采购文件之日或者采购文件公告期限届满之日；

（二）对采购过程提出质疑的，为各采购程序环节结束之日；

（三）对中标或者成交结果提出质疑的，为中标或者成交结果公告期限届满之日。

第五十八条

财政部门处理投诉事项，需要检验、检测、鉴定、专家评审以及需要投诉人补正材料的，所需时间不计算在投诉处理期限内。

财政部门对投诉事项作出的处理决定，应当在省级以上人民政府财政部门指定的媒体上公告。

H3《政府采购质疑和投诉办法》

规章

第十条

供应商认为采购文件、采购过程、中标或者成交结果使自己的权益受到损害的，可以在知道或者应知其权益受到损害之日起7个工作日内，以书面形式向采购人、采购代理机构提出质疑。

采购文件可以要求供应商在法定质疑期内一次性提出针对同一采购程序环节的质疑。

第十一条

提出质疑的供应商（以下简称质疑供应商）应当是参与所质疑项目采购活动的供应商。

潜在供应商已依法获取其可质疑的采购文件的，可以对该文件提出质疑。对采购文件提出质疑的，应当在获取采购文件或者采购文件公告期限届满之日起7个工作日内提出。

第十三条

采购人、采购代理机构不得拒收质疑供应商在法定质疑期内发出的质疑函，应当在收到质疑函后7个工作日内作出答复，并以书面形式通知质疑供应商和其他有关供应商。

第十七条

质疑供应商对采购人、采购代理机构的答复不满意，或者采购人、采购代理机构未在规定时间内作出答复的，可以在答复期满后15个工作日内向本办法第六条规定的财政部门提起投诉。

第二十一条

财政部门收到投诉书后，应当在5个工作日内进行审查，审查后按照下列情况处理：

（一）投诉书内容不符合本办法第十八条规定的，应当在收到投诉书5个工作日内一次性书面通知投诉人补正。补正通知应当载明需要补正的事项和合理的补正期限。未按照补正期限进行补正或者补正后仍不符合规定的，不予受理。

（二）投诉不符合本办法第十九条规定条件的，应当在3个工作日内书面告知投诉人不予受理，并说明理由。

（三）投诉不属于本部门管辖的，应当在3个工作日内书面告知投诉人向有管辖权的部门提起投诉。

（四）投诉符合本办法第十八条、第十九条规定的，自收到投诉书之日起即为受理，并在收到投诉后8个工作日内向被投诉人和其他与投诉事项有关的当事人发出投诉答复通知书及投诉书副本。

第二十二条

被投诉人和其他与投诉事项有关的当事人应当在收到投诉答复通知书及投诉书副本之日起5个工作日内，以书面形式向财政部门作出说明，并提交相关证据、依据和其他有关材料。

第二十六条

财政部门应当自收到投诉之日起30个工作日内，对投诉事项作出处理决定。

第三十条

财政部门受理投诉后，投诉人书面申请撤回投诉的，财政部门应当终止投诉处理程序，并书面告知相关当事人。

第6章　监督检查

H1 6.1　监督检查事项

H3《政府采购法》

法律

第五十九条

政府采购监督管理部门应当加强对政府采购活动及集中采购机构的监督检查。

监督检查的主要内容是：

（一）有关政府采购的法律、行政法规和规章的执行情况；

（二）采购范围、采购方式和采购程序的执行情况；

（三）政府采购人员的职业素质和专业技能。

第六十条

政府采购监督管理部门不得设置集中采购机构，不得参与政府采购项目的采购活动。

采购代理机构与行政机关不得存在隶属关系或者其他利益关系。

第六十一条

集中采购机构应当建立健全内部监督管理制度。采购活动的决策和执行程序应当明确，并相互监督、相互制约。经办采购的人员与负责采购合同审核、验收人员的职责权限应当明确，并相互分离。

第六十二条

集中采购机构的采购人员应当具有相关职业素质和专业技能，符合政府采购监督管理部门规定的专业岗位任职要求。

集中采购机构对其工作人员应当加强教育和培训；对采购人员的专业水平、工作实绩和职业道德状况定期进行考核。采购人员经考核不合格的，不得继续任职。

第六十三条

政府采购项目的采购标准应当公开。

采用本法规定的采购方式的，采购人在采购活动完成后，应当将采购结果予以公布。

第六十四条

采购人必须按照本法规定的采购方式和采购程序进行采购。

任何单位和个人不得违反本法规定，要求采购人或者采购工作人员向其指定的供应商进行采购。

H3《财政部关于促进政府采购公平竞争优化营商环境的通知》

规章

《通知》要求：全面清理政府采购领域妨碍公平竞争的规定和做法、严格执行公平竞争审查制度、加强政府采购执行管理、加快推进电子化政府采购、进一步提升政府采购透明度。

H1 6.2 监督检查职责划分

H3《政府采购法》

法律

第六十五条

政府采购监督管理部门应当对政府采购项目的采购活动进行检查，政府采购当事人应当如实反映情况，提供有关材料。

第六十六条

政府采购监督管理部门应当对集中采购机构的采购价格、节约资金效果、服务质量、信誉状况、有无违法行为等事项进行考核，并定期如实公布考核结果。

第六十七条

依照法律、行政法规的规定对政府采购负有行政监督职责的政府有关部门，应当按照其职责分工，加强对政府采购活动的监督。

第六十八条

审计机关应当对政府采购进行审计监督。政府采购监督管理部门、政府采购各当事人有关政府采购活动，应当接受审计机关的审计监督。

第六十九条

监察机关应当加强对参与政府采购活动的国家机关、国家公务员和国家行政机关任命的其他人员实施监察。

第七十条

任何单位和个人对政府采购活动中的违法行为，有权控告和检举，有关部门、机关应当依照各自职责及时处理。

H3《政府采购法实施条例》

法规

第六十条

除政府采购法第六十六条规定的考核事项外，财政部门对集中采购机构的考核事项还包括：

（一）政府采购政策的执行情况；

（二）采购文件编制水平；

（三）采购方式和采购程序的执行情况；

（四）询问、质疑答复情况；

（五）内部监督管理制度建设及执行情况；

（六）省级以上人民政府财政部门规定的其他事项。

财政部门应当制定考核计划，定期对集中采购机构进行考核，考核结果有重要情况的，应当向本级人民政府报告。

第六十一条

采购人发现采购代理机构有违法行为的，应当要求其改正。采购代理机构拒不改正的，采购人应当向本级人民政府财政部门报告，财政部门应当依法处理。

采购代理机构发现采购人的采购需求存在以不合理条件对供应商实行差别待遇、歧视待遇或者其他不符合法律、法规和政府采购政策规定内容，或者发现采购人有其他违法行为的，应当建议其改正。采购人拒不改正的，采购代理机构应当向采购人的本级人民政府财政部门报告，财政部门应当依法处理。

第六十二条

省级以上人民政府财政部门应当对政府采购评审专家库实行动态管理，具体管理办法由国务院财政部门制定。

采购人或者采购代理机构应当对评审专家在政府采购活动中的职责履行情况予以记录，并及时向财政部门报告。

第六十三条

各级人民政府财政部门和其他有关部门应当加强对参加政府采购活动的供应

商、采购代理机构、评审专家的监督管理，对其不良行为予以记录，并纳入统一的信用信息平台。

第六十四条

各级人民政府财政部门对政府采购活动进行监督检查，有权查阅、复制有关文件、资料，相关单位和人员应当予以配合。

第六十五条

审计机关、监察机关以及其他有关部门依法对政府采购活动实施监督，发现采购当事人有违法行为的，应当及时通报财政部门。

《中央单位政府采购管理实施办法》

规章

第四十七条

财政部对中央单位政府采购活动实行经常性监督检查制度，依法对中央单位、集中采购机构、其他政府采购代理机构执行政府采购法律、行政法规和规章制度情况进行监督检查。

第四十八条

财政部对中央单位政府采购活动进行经常性监督检查的主要内容是：

（一）政府采购预算和政府采购实施计划的编制和执行情况；

（二）政府集中采购目录和部门集中采购项目的执行情况；

（三）政府采购备案或审批事项的落实情况；

（四）政府采购信息在财政部指定媒体上的发布情况；

（五）政府采购有关法规、制度和政策的执行情况；

（六）内部政府采购制度建设情况；

（七）政府采购合同的订立、履行、验收和资金支付情况；

（八）对供应商询问和质疑的处理情况；

（九）财政部授权事项落实情况；

（十）法律、行政法规和制度规定的其他事项。

第四十九条

财政部对集中采购机构政府采购活动进行经常性监督检查的主要内容是：

（一）内部制度建设和监督制约机制落实情况；

（二）政府集中采购目录执行情况；

（三）政府采购备案审批事项落实情况；

（四）政府采购评审专家抽取和使用情况；

（五）政府采购信息在财政部指定发布媒体上的公告情况；

（六）政府采购工作效率、采购价格和资金节约率情况；

（七）服务质量和信誉状况；

（八）对供应商询问、质疑处理情况；

（九）有关政府集中采购规定和政策执行情况；

（十）法律、行政法规和制度规定的其他事项。

第五十条

主管部门应当对本部门、本系统政府采购工作情况实施监督检查。

第五十一条

集中采购机构应当加强内部管理，建立内部监督制约机制，全面、规范地做好中央单位委托的集中采购事务。

第五十二条

供应商应当依法参加政府采购活动。

财政部对中标供应商履约实施监督管理，对协议供货或定点采购的中标供应商进行监督检查。

H3《政府采购需求管理办法》

规章

第三十五条

财政部门应当依法加强对政府采购需求管理的监督检查，将采购人需求管理作为政府采购活动监督检查的重要内容，不定期开展监督检查工作，采购人应当如实反映情况，提供有关材料。

第三十六条

在政府采购项目投诉、举报处理和监督检查过程中，发现采购人未按本办法规定建立采购需求管理内控制度、开展采购需求调查和审查工作的，由财政部门采取约谈、书面关注等方式责令采购人整改，并告知其主管预算单位。对情节严重或者拒不改正的，将有关线索移交纪检监察、审计部门处理。

第三十七条

在政府采购项目投诉、举报处理和监督检查过程中，发现采购方式、评审规则、供应商资格条件等存在歧视性、限制性、不符合政府采购政策等问题的，依照《中华人民共和国政府采购法》等国家有关规定处理。

第三十八条

在政府采购项目投诉、举报处理和监督检查过程中，发现采购人存在无预算或者超预算采购、超标准采购、铺张浪费、未按规定编制政府采购实施计划等问题的，依照《中华人民共和国政府采购法》《中华人民共和国预算法》《财政违法行为处罚处分条例》《党政机关厉行节约反对浪费条例》等国家有关规定处理。

第7章　法律责任

7.0　概述

《政府采购法》

法律

第八十三条

任何单位或者个人阻挠和限制供应商进入本地区或者本行业政府采购市场的，责令限期改正；拒不改正的，由该单位、个人的上级行政主管部门或者有关机关给予单位责任人或者个人处分。

第七十九条

政府采购当事人有本法第七十一条、第七十二条、第七十七条违法行为之一，给他人造成损失的，并应依照有关民事法律规定承担民事责任。

《政府采购法实施条例》

法规

第六十六条

政府采购法第七十一条规定的罚款，数额为10万元以下。

政府采购法第七十二条规定的罚款，数额为5万元以上25万元以下。

7.1　采购人及采购代理机构法律责任

《政府采购法》

法律

第七十一条

采购人、采购代理机构有下列情形之一的，责令限期改正，给予警告，可以并处罚款，对直接负责的主管人员和其他直接责任人员，由其行政主管部门或者有关机关给予处分，并予通报：

（一）应当采用公开招标方式而擅自采用其他方式采购的；

（二）擅自提高采购标准的；

（三）以不合理的条件对供应商实行差别待遇或者歧视待遇的；

（四）在招标采购过程中与投标人进行协商谈判的；

（五）中标、成交通知书发出后不与中标、成交供应商签订采购合同的；

（六）拒绝有关部门依法实施监督检查的。

第七十二条

采购人、采购代理机构及其工作人员有下列情形之一，构成犯罪的，依法追究刑事责任；尚不构成犯罪的，处以罚款，有违法所得的，并处没收违法所得，属于国家机关工作人员的，依法给予行政处分：

（一）与供应商或者采购代理机构恶意串通的；

（二）在采购过程中接受贿赂或者获取其他不正当利益的；

（三）在有关部门依法实施的监督检查中提供虚假情况的；

（四）开标前泄露标底的。

第七十三条

有前两条违法行为之一影响中标、成交结果或者可能影响中标、成交结果的，按下列情况分别处理：

（一）未确定中标、成交供应商的，终止采购活动；

（二）中标、成交供应商已经确定但采购合同尚未履行的，撤销合同，从合格的中标、成交候选人中另行确定中标、成交供应商；

（三）采购合同已经履行的，给采购人、供应商造成损失的，由责任人承担赔偿责任。

第七十四条

采购人对应当实行集中采购的政府采购项目，不委托集中采购机构实行集中采购的，由政府采购监督管理部门责令改正；拒不改正的，停止按预算向其支付资金，由其上级行政主管部门或者有关机关依法给予其直接负责的主管人员和其他直接责任人员处分。

第七十五条

采购人未依法公布政府采购项目的采购标准和采购结果的，责令改正，对直接负责的主管人员依法给予处分。

第七十六条

采购人、采购代理机构违反本法规定隐匿、销毁应当保存的采购文件或者伪造、变造采购文件的，由政府采购监督管理部门处以二万元以上十万元以下的罚款，对其直接负责的主管人员和其他直接责任人员依法给予处分；构成犯罪的，依法追究刑事责任。

第七十八条

采购代理机构在代理政府采购业务中有违法行为的，按照有关法律规定处以罚款，可以在一至三年内禁止其代理政府采购业务，构成犯罪的，依法追究刑事责任。

H3《政府采购法实施条例》

法规

第二十条

采购人或者采购代理机构有下列情形之一的，属于以不合理的条件对供应商实行差别待遇或者歧视待遇：

（一）就同一采购项目向供应商提供有差别的项目信息；

（二）设定的资格、技术、商务条件与采购项目的具体特点和实际需要不相适应或者与合同履行无关；

（三）采购需求中的技术、服务等要求指向特定供应商、特定产品；

（四）以特定行政区域或者特定行业的业绩、奖项作为加分条件或者中标、成交条件；

（五）对供应商采取不同的资格审查或者评审标准；

（六）限定或者指定特定的专利、商标、品牌或者供应商；

（七）非法限定供应商的所有制形式、组织形式或者所在地；

（八）以其他不合理条件限制或者排斥潜在供应商。

第二十一条

采购人或者采购代理机构对供应商进行资格预审的，资格预审公告应当在省级以上人民政府财政部门指定的媒体上发布。已进行资格预审的，评审阶段可以不再对供应商资格进行审查。资格预审合格的供应商在评审阶段资格发生变化的，应当通知采购人和采购代理机构。

资格预审公告应当包括采购人和采购项目名称、采购需求、对供应商的资格要求以及供应商提交资格预审申请文件的时间和地点。提交资格预审申请文件的时间自公告发布之日起不得少于5个工作日。

第四十二条

采购人、采购代理机构不得向评标委员会、竞争性谈判小组或者询价小组的评审专家作倾向性、误导性的解释或者说明。

《政府采购信息发布管理办法》

规章

第十六条

采购人或者其委托的采购代理机构未依法在指定媒体上发布政府采购项目信息的，依照政府采购法实施条例第六十八条追究法律责任。

采购人或者其委托的采购代理机构存在其他违反本办法规定行为的，由县级以上财政部门依法责令限期改正，给予警告，对直接负责的主管人员和其他直接责任人员，建议其行政主管部门或者有关机关依法依规处理，并予通报。

《政府采购非招标采购方式管理办法》

规章

第五十二条

采购人有下列情形之一的，责令限期改正，给予警告；有关法律、行政法规规定处以罚款的，并处罚款：

（一）未按照政府采购法和本办法的规定采用非招标采购方式的；

（二）未按照政府采购法和本办法的规定确定成交供应商的；

（三）未按照采购文件确定的事项签订政府采购合同，或者与成交供应商另行订立背离合同实质性内容的协议的；

（四）未按规定将政府采购合同副本报本级财政部门备案的。

《政府采购质疑和投诉办法》

规章

第三十六条

采购人、采购代理机构有下列情形之一的，由财政部门责令限期改正；情节严重的，给予警告，对直接负责的主管人员和其他直接责任人员，由其行政主管部门或者有关机关给予处分，并予通报：

（一）拒收质疑供应商在法定质疑期内发出的质疑函；

（二）对质疑不予答复或者答复与事实明显不符，并不能作出合理说明；

（三）拒绝配合财政部门处理投诉事宜。

H3《政府采购货物和服务招标投标管理办法》

规章

第七十七条

采购人有下列情形之一的，由财政部门责令限期改正；情节严重的，给予警告，对直接负责的主管人员和其他直接责任人员由其行政主管部门或者有关机关依法给予处分，并予以通报；涉嫌犯罪的，移送司法机关处理：

（一）未按照本办法的规定编制采购需求的；

（二）违反本办法第六条第二款规定的；

（三）未在规定时间内确定中标人的；

（四）向中标人提出不合理要求作为签订合同条件的。

第七十八条

采购人、采购代理机构有下列情形之一的，由财政部门责令限期改正，情节严重的，给予警告，对直接负责的主管人员和其他直接责任人员，由其行政主管部门或者有关机关给予处分，并予通报；采购代理机构有违法所得的，没收违法所得，并可以处以不超过违法所得 3 倍、最高不超过 3 万元的罚款，没有违法所得的，可以处以 1 万元以下的罚款：

（一）违反本办法第八条第二款规定的；

（二）设定最低限价的；

（三）未按照规定进行资格预审或者资格审查的；

（四）违反本办法规定确定招标文件售价的；

（五）未按规定对开标、评标活动进行全程录音录像的；

（六）擅自终止招标活动的；

（七）未按照规定进行开标和组织评标的；

（八）未按照规定退还投标保证金的；

（九）违反本办法规定进行重新评审或者重新组建评标委员会进行评标的；

（十）开标前泄露已获取招标文件的潜在投标人的名称、数量或者其他可能影响公平竞争的有关招标投标情况的；

（十一）未妥善保存采购文件的；

（十二）其他违反本办法规定的情形。

《政府采购框架协议采购方式管理暂行办法》

规章

第四十三条

主管预算单位、采购人、采购代理机构违反本办法规定的，由财政部门责令限期改正；情节严重的，给予警告，对直接负责的主管人员和其他责任人员，由其行政主管部门或者有关机关依法给予处分，并予以通报。

7.2 供应商法律责任

《政府采购法》

法律

第七十七条

供应商有下列情形之一的，处以采购金额千分之五以上千分之十以下的罚款，列入不良行为记录名单，在一至三年内禁止参加政府采购活动，有违法所得的，并处没收违法所得，情节严重的，由工商行政管理机关吊销营业执照；构成犯罪的，依法追究刑事责任：

（一）提供虚假材料谋取中标、成交的；

（二）采取不正当手段诋毁、排挤其他供应商的；

（三）与采购人、其他供应商或者采购代理机构恶意串通的；

（四）向采购人、采购代理机构行贿或者提供其他不正当利益的；

（五）在招标采购过程中与采购人进行协商谈判的；

（六）拒绝有关部门监督检查或者提供虚假情况的。

供应商有前款第（一）至（五）项情形之一的，中标、成交无效。

《政府采购法实施条例》

法规

第七十二条

供应商有下列情形之一的，依照政府采购法第七十七条第一款的规定追究法律责任：

（一）向评标委员会、竞争性谈判小组或者询价小组成员行贿或者提供其他不正当利益；

（二）中标或者成交后无正当理由拒不与采购人签订政府采购合同；

（三）未按照采购文件确定的事项签订政府采购合同；

（四）将政府采购合同转包；

（五）提供假冒伪劣产品；

（六）擅自变更、中止或者终止政府采购合同。

供应商有前款第一项规定情形的，中标、成交无效。评审阶段资格发生变化，供应商未依照本条例第二十一条的规定通知采购人和采购代理机构的，处以采购金额5‰的罚款，列入不良行为记录名单，中标、成交无效。

第七十三条

供应商捏造事实、提供虚假材料或者以非法手段取得证明材料进行投诉的，由财政部门列入不良行为记录名单，禁止其1至3年内参加政府采购活动。

第七十四条

有下列情形之一的，属于恶意串通，对供应商依照政府采购法第七十七条第一款的规定追究法律责任，对采购人、采购代理机构及其工作人员依照政府采购法第七十二条的规定追究法律责任：

（一）供应商直接或者间接从采购人或者采购代理机构处获得其他供应商的相关情况并修改其投标文件或者响应文件；

（二）供应商按照采购人或者采购代理机构的授意撤换、修改投标文件或者响应文件；

（三）供应商之间协商报价、技术方案等投标文件或者响应文件的实质性内容；（四）属于同一集团、协会、商会等组织成员的供应商按照该组织要求协同参加政府采购活动；

（五）供应商之间事先约定由某一特定供应商中标、成交；

（六）供应商之间商定部分供应商放弃参加政府采购活动或者放弃中标、成交；

（七）供应商与采购人或者采购代理机构之间、供应商相互之间，为谋求特定供应商中标、成交或者排斥其他供应商的其他串通行为。

H3《政府采购非招标采购方式管理办法》

规章

第五十四条

成交供应商有下列情形之一的，责令限期改正，情节严重的，列入不良行为记录名单，在1至3年内禁止参加政府采购活动，并予以通报：

（一）未按照采购文件确定的事项签订政府采购合同，或者与采购人另行订立背离合同实质性内容的协议的；

（二）成交后无正当理由不与采购人签订合同的；

（三）拒绝履行合同义务的。

H3《政府采购框架协议采购方式管理暂行办法》

规章

第四十五条

供应商有本办法第十九条第一款第一项至三项情形之一，以及无正当理由放弃封闭式框架协议入围资格或者退出封闭式框架协议的，依照政府采购法等有关法律、行政法规追究法律责任。

H1 7.3 监督管理部门法律责任

H3《政府采购法》

法律

第八十条

政府采购监督管理部门的工作人员在实施监督检查中违反本法规定滥用职权，玩忽职守，徇私舞弊的，依法给予行政处分；构成犯罪的，依法追究刑事责任。

第八十一条

政府采购监督管理部门对供应商的投诉逾期未作处理的，给予直接负责的主管人员和其他直接责任人员行政处分。

第八十二条

政府采购监督管理部门对集中采购机构业绩的考核，有虚假陈述，隐瞒真实情况的，或者不作定期考核和公布考核结果的，应当及时纠正，由其上级机关或者监察机关对其负责人进行通报，并对直接负责的人员依法给予行政处分。

集中采购机构在政府采购监督管理部门考核中，虚报业绩，隐瞒真实情况的，处以二万元以上二十万元以下的罚款，并予以通报；情节严重的，取消其代理采购的资格。

《政府采购法实施条例》

法规

第七十七条

财政部门在履行政府采购监督管理职责中违反政府采购法和本条例规定，滥用职权、玩忽职守、徇私舞弊的，对直接负责的主管人员和其他直接责任人员依法给予处分；直接负责的主管人员和其他直接责任人员构成犯罪的，依法追究刑事责任。

《政府采购代理机构管理暂行办法》

规章

第二十四条

财政部门工作人员在代理机构管理中存在滥用职权、玩忽职守、徇私舞弊等违法违纪行为的，依照《中华人民共和国政府采购法》《中华人民共和国公务员法》《中华人民共和国行政监察法》《中华人民共和国政府采购法实施条例》等国家有关规定追究相关责任；涉嫌犯罪的，依法移送司法机关处理。

《政府采购货物和服务招标投标管理办法》

规章

第八十二条

财政部门应当依法履行政府采购监督管理职责。财政部门及其工作人员在履行监督管理职责中存在懒政怠政、滥用职权、玩忽职守、徇私舞弊等违法违纪行为的，依照政府采购法、《中华人民共和国公务员法》、《中华人民共和国行政监察法》、政府采购法实施条例等国家有关规定追究相应责任；涉嫌犯罪的，移送司法机关处理。

《政府采购框架协议采购方式管理暂行办法》

规章

第四十七条

财政部门及其工作人员在履行监督管理职责中存在滥用职权、玩忽职守、徇私舞弊等违法违纪行为的，依法追究相应责任。

7.4 其他当事人法律责任

《政府采购法实施条例》

法规

第七十条

采购人员与供应商有利害关系而不依法回避的，由财政部门给予警告，并处2000元以上2万元以下的罚款。

第七十五条

政府采购评审专家未按照采购文件规定的评审程序、评审方法和评审标准进行独立评审或者泄露评审文件、评审情况的，由财政部门给予警告，并处2000元以上2万元以下的罚款；影响中标、成交结果的，处2万元以上5万元以下的罚款，禁止其参加政府采购评审活动。

政府采购评审专家与供应商存在利害关系未回避的，处2万元以上5万元以下的罚款，禁止其参加政府采购评审活动。

政府采购评审专家收受采购人、采购代理机构、供应商贿赂或者获取其他不正当利益，构成犯罪的，依法追究刑事责任；尚不构成犯罪的，处2万元以上5万元以下的罚款，禁止其参加政府采购评审活动。

政府采购评审专家有上述违法行为的，其评审意见无效，不得获取评审费；有违法所得的，没收违法所得；给他人造成损失的，依法承担民事责任。

第七十六条

政府采购当事人违反政府采购法和本条例规定，给他人造成损失的，依法承担民事责任。

《政府采购评审专家管理办法》

规章

第二十七条

评审专家未按照采购文件规定的评审程序、评审方法和评审标准进行独立评审或者泄露评审文件、评审情况的，由财政部门给予警告，并处2000元以上2万元以下的罚款；影响中标、成交结果的，处2万元以上5万元以下的罚款，禁止其参加政府采购评审活动。

评审专家与供应商存在利害关系未回避的，处2万元以上5万元以下的罚款，禁止其参加政府采购评审活动。

评审专家收受采购人、采购代理机构、供应商贿赂或者获取其他不正当利益，构成犯罪的，依法追究刑事责任；尚不构成犯罪的，处2万元以上5万元以下的罚款，禁止其参加政府采购评审活动。

评审专家有上述违法行为的，其评审意见无效；有违法所得的，没收违法所得；给他人造成损失的，依法承担民事责任。

H3《政府采购非招标采购方式管理办法》

规章

第五十五条

谈判小组、询价小组成员有下列行为之一的，责令改正，给予警告；有关法律、行政法规规定处以罚款的，并处罚款；涉嫌犯罪的，依法移送司法机关处理：

（一）收受采购人、采购代理机构、供应商、其他利害关系人的财物或者其他不正当利益的；

（二）泄露评审情况以及评审过程中获悉的国家秘密、商业秘密的；

（三）明知与供应商有利害关系而不依法回避的；

（四）在评审过程中擅离职守，影响评审程序正常进行的；

（五）在评审过程中有明显不合理或者不正当倾向性的；

（六）未按照采购文件规定的评定成交的标准进行评审的。

评审专家有前款情形之一，情节严重的，取消其政府采购评审专家资格，不得再参加任何政府采购项目的评审，并在财政部门指定的政府采购信息发布媒体上予以公告。

第五十六条

有本办法第五十一条、第五十二条、第五十五条违法行为之一，并且影响或者可能影响成交结果的，应当按照下列情形分别处理：

（一）未确定成交供应商的，终止本次采购活动，依法重新开展采购活动；

（二）已确定成交供应商但采购合同尚未履行的，撤销合同，从合格的成交候选人中另行确定成交供应商，没有合格的成交候选人的，重新开展采购活动；

（三）采购合同已经履行的，给采购人、供应商造成损失的，由责任人依法承担赔偿责任。

第五十七条

政府采购当事人违反政府采购法和本办法规定，给他人造成损失的，应当依照有关民事法律规定承担民事责任。

第五十八条

任何单位或者个人非法干预、影响评审过程或者结果的，责令改正；该单位责任人或者个人属于国家机关工作人员的，由任免机关或者监察机关依法给予处分。

第五十九条

财政部门工作人员在实施监督管理过程中违法干预采购活动或者滥用职权、玩忽职守、徇私舞弊的，依法给予处分；涉嫌犯罪的，依法移送司法机关处理。

H3《政府采购质疑和投诉办法》

规章

第三十七条

投诉人在全国范围12个月内三次以上投诉查无实据的，由财政部门列入不良行为记录名单。

投诉人有下列行为之一的，属于虚假、恶意投诉，由财政部门列入不良行为记录名单，禁止其1至3年内参加政府采购活动：

（一）捏造事实；

（二）提供虚假材料；

（三）以非法手段取得证明材料。证据来源的合法性存在明显疑问，投诉人无法证明其取得方式合法的，视为以非法手段取得证明材料。

第三十八条

财政部门及其工作人员在履行投诉处理职责中违反本办法规定及存在其他滥用职权、玩忽职守、徇私舞弊等违法违纪行为的，依照《中华人民共和国政府采购法》《中华人民共和国公务员法》《中华人民共和国行政监察法》《中华人民共和国政府采购法实施条例》等国家有关规定追究相应责任；涉嫌犯罪的，依法移送司法机关处理。

H3《政府采购货物和服务招标投标管理办法》

规章

第八十条

政府采购当事人违反本办法规定，给他人造成损失的，依法承担民事责任。

第八十一条

评标委员会成员有本办法第六十二条所列行为之一的，由财政部门责令限期改正；情节严重的，给予警告，并对其不良行为予以记录。

第2部分 实务指引

第 2 部分　实务指引

H1 8.1　简答题

H2 8.1.1　题目

问

1. 政府采购法所称的政府采购是指什么？

答：

问

2. 政府采购项目中标公告应包括哪些内容？

答：

问

3. 什么是单一来源采购，什么情况下可以采用单一来源方式采购？

答：

问

4.《中华人民共和国招标投标法实施条例》第三十二条规定，招标人不得以不合理的条件限制、排斥潜在投标人或者投标人。招标人哪些行为属于以不合理条件限制、排斥潜在投标人或者投标人？

答：

问

5.《政府采购货物和服务招标投标管理办法》（财政部令第87号）第十一条规定，采购需求应当完整、明确。其具体包括哪些内容？

答：

问

6. 招标文件包括哪些内容？

答：

问

7. 在政府采购活动中，采购人员及相关人员与供应商有利害关系的，应当回避，本条款中所述的利害关系主要包括哪些内容？

答：

问

8. 在招标采购中，出现哪些情形的应予废标？废标后如何处理？

答：

问

9. 参加政府采购活动的供应商应具备哪些条件？

答：

问

10. 政府采购法规定政府采购采用哪几种方式？招标投标法规定的招标有哪几种？

答：

问

11. 如何理解政府采购的资金范围。

答：

问

12. 公开招标采购的特点有哪些？

答：

问

13. 《政府采购货物和服务招标投标管理办法》规定投标无效的情况主要包括哪些？

答：

问

14.《政府采购竞争性磋商采购方式管理暂行办法》规定评审报告的主要内容包括哪些？

答：

问

15. 公开招标的货物、服务采购项目，在招标过程中经评审实质性响应招标文件要求的供应商只有两家时，为提高采购效率，拟转为与此两家供应商进行竞争性谈判。（一）此种做法是否可行？（二）如不可行，请简述理由；如可行，请简述最终确定成交供应商前需要的程序。

答：

问

16. 简要逐项列举公开招标公告应当包括的内容。

答：

问

17. 请简要叙述政府采购法所称的集中采购和分散采购。

答：

问

18. 简述《中央预算单位政府集中采购目录及标准（2020 年版）》中公开招标的数额标准。

答：

问

19. 简述采购人或者采购代理机构，属于以不合理的条件对供应商实行差别待遇或者歧视待遇的情形。

答：

问

20. 根据我国政府采购法的规定，采用竞争性谈判方式采购的，应当遵循的程序是什么？

答：

问

21. 根据我国政府采购信息公告管理办法的规定，招标人或其委托的招标代理机构有哪些行为的，由财政部门和有关行政监督部门视情节依照《中华人民共和国招标投标法》等规定予以处罚？

答：

问

22. 根据我国招投标管理办法的规定，属于招标人与投标人串通投标的行为有哪些？

答：

问

23. 投诉处理过程中，在哪些情形下，财政部门应当驳回投诉？

答：

问

24. 供应商参加政府采购活动应当具备的条件有哪些？

答：

问

25. 法律明确禁止投标人相互串通投标，属于投标人相互串通投标的情形有哪些？

答：

问

26. 政府采购可采用的方式有哪些？

答：

问

27. 在什么情况下，采购人、采购代理机构可以采取非招标采购方式实施采购？

答：

问

28. 哪些项目不得列入政府购买服务的范围？

答：

问

29. 竞争性磋商采购方式可以在什么情形下使用？

答：

问

30. 列举政府采购货物和服务招标投标管理办法中的招标形式，并对其进行解读。

答：

问

31. 采用竞争性谈判方式采购货物或者服务，应符合哪些情形？

答：

问

32. 简述采购人或者采购代理机构，属于以不合理的条件对供应商实行差别待遇或者歧视待遇的情形。

答：

问

33. 什么是单一来源采购，什么情况下可以采用单一来源方式采购？

答：

问

34. 可以采用竞争性磋商采购方式的情形有哪些？

答：

8.1.2 答案解析

答

题号	答案
1	政府采购，是指各级国家机关、事业单位和团体组织，使用财政性资金采购依法制定的集中采购目录以内的或者采购限额标准以上的货物、工程和服务的行为。
2	政府采购项目中标公告应包括以下内容：采购人及其委托的采购代理机构的名称、地址、联系方式；项目名称和项目编号；中标人名称、地址和中标金额；主要中标标的的名称、规格型号、数量、单价、服务要求或者标的的基本概况；中标公告期限；评审专家名单；委托采购项目的代理服务费标准及金额。
3	单一来源采购，是指采购人从某一特定供应商处采购货物、工程和服务的采购方式。符合下列情形之一的货物或者服务可以采用单一来源方式采购： （一）只能从唯一供应商处采购的； （二）发生了不可预见的紧急情况不能从其他供应商处采购的； （三）必须保证原有采购项目一致性或者服务配套的要求，需要继续从原供应商处添购，且添购资金总额不超过原合同采购金额百分之十的。
4	（一）就同一招标项目向投标人或潜在投标人提供有差别的信息； （二）设定的资格、技术、商务条件与招标项目具体特点和实际需求不相适应； （三）依法必须招标的项目以特定行政区域或特定行业业绩、奖项作为加分条件或中表条件； （四）对投标单位采取不同的资格审查标准或评标标准； （五）限定或制定特定的专利、商标、品牌、原产地和供应商； （六）必须招标项目限定投标人所有制形式或组织形式； （七）以其他不合理条件限制、排斥投标人或潜在投标人。

题号	答案
5	采购需求应当完整、明确，包括以下内容： （一）采购标的需实现的功能或者目标，以及为落实政府采购政策需满足的要求； （二）采购标的需执行的国家相关标准、行业标准、地方标准或者其他标准、规范； （三）采购标的需满足的质量、安全、技术规格、物理特性等要求； （四）采购标的的数量、采购项目交付或者实施的时间和地点； （五）采购标的需满足的服务标准、期限、效率等要求； （六）采购标的的验收标准； （七）采购标的的其他技术、服务等要求。
6	（一）投标邀请； （二）投标人须知（包括密封、签署、盖章要求等）； （三）投标人应当提交的资格、资信证明文件； （四）投标报价要求、投标文件编制要求和投标保证金交纳方式； （五）招标项目的技术规格、要求和数量，包括附件、图纸等； （六）合同主要条款及合同签订方式； （七）交货和提供服务的时间； （八）评标方法、评标标准和废标条款； （九）投标截止时间、开标时间及地点； （十）省级以上财政部门规定的其他事项。招标人应当在招标文件中规定并标明实质性要求和条件。
7	（一）参加采购活动前 3 年内与供应商存在劳动关系； （二）参加采购活动前 3 年内担任供应商的董事、监事； （三）参加采购活动前 3 年内是供应商的控股股东或者实际控制人； （四）与供应商的法定代表人或者负责人有夫妻、直系血亲、三代以内旁系血亲或者近姻亲关系； （五）与供应商有其他可能影响政府采购活动公平、公正进行的关系。供应商认为采购人员及相关人员与其他供应商有利害关系的，可以向采购人或者采购代理机构书面提出回避申请，并说明理由。采购人或者采购代理机构应当及时询问被申请回避人员，有利害关系的被申请回避人员应当回避。

题号	答案
8	出现下列情形之一的应予废标： （一）符合专业条件的供应商或者对招标文件作实质响应的供应商不足三家的； （二）出现影响采购公正的违法、违规行为的； （三）投标人的报价均超过了采购预算，采购人不能支付的； （四）因重大变故，采购任务取消的。 废标后，采购人应当将废标理由通知所有投标人。投标截止时间结束后参加投标的供应商不足三家的，除采购任务取消情形外，招标采购单位应当报告设区的市、自治州以上人民政府财政部门，由财政部门按照以下原则处理： （一）招标文件没有不合理条款、招标公告时间及程序符合规定的，同意采取竞争性谈判、询价或者单一来源方式采购； （二）招标文件存在不合理条款的，招标公告时间及程序不符合规定的，应予废标，并责成招标采购单位依法重新招标； 在评标期间，出现符合专业条件的供应商或者对招标文件作出实质响应的供应商不足三家情形的，可以比照前款规定执行。
9	参加政府采购活动的供应商应满足以下条件： （一）一般资格条件：具有独立承担民事责任的能力；具有良好的商业信誉和健全的财务会计制度；具有履行合同所必需的设备和专业能力；具有依法缴纳税收和社会保障资金的良好记录；参加政府采购活动前三年内，在经营活动中没有重大违法记录；法律、行政法规规定的其他条件，如没有不良信用记录等。 （二）特定资格条件：采购人根据项目需要提出的符合国家有关规定的特殊资格条件。
10	政府采购法规定的政府采购分为：（1）公开招标、（2）邀请招标、（3）竞争性谈判、（4）单一来源采购、（5）询价、（6）国务院政府采购监督管理部门认定的其他采购方式。公开招标应作为政府采购的主要采购方式。招标投标法规定的招标分为公开招标和邀请招标。

题号	答案
11	采购资金的性质是确定采购行为是否属于政府采购制度规范的范围的重要依据。 《政府采购法》中明确规定，政府采购资金为“财政性资金”，既体现了我政府采购制度的特点，也反映了我国公共资金管理的特点。 财政性资金，是指预算内资金、预算外资金以及与财政资金相配套的单位自筹资金的总和。 《中华人民共和国预算法》指出，预算包括一般公共预算、政府性基金预算、国有资本经营预算、社会保险基金预算。也就是说，凡是使用这“四本”预算资金的采购均属于财政性资金，应纳入政府采购的范畴。 《政府采购法实施条例》规定了两种“视同财政性资金”的情况：一是以财政性资金作为还款来源的借贷资金，视同财政性资金。二是国家机关、事业单位和团体组织的采购项目既使用财政性资金又使用非财政性资金的，使用财政性资金的部分，适用政府采购，财政性资金与非财政性无法分割的，统一视同财政性资金，适用政府采购。
12	（一）招标程序的组织性； （二）招标程序的竞争性； （三）招标程序的公开性、透明性； （四）招标程序的公平性、公正性； （五）招标采购的一次性。
13	《政府采购货物和服务招标投标管理办法》第六十三条规定，投标人存在下列情况之一的，投标无效： （一）未按照招标文件的规定提交投标保证金的； （二）投标文件未按招标文件要求签署、盖章的； （三）不具备招标文件中规定的资格要求的； （四）报价超过招标文件中规定的预算金额或者最高限价的； （五）投标文件含有采购人不能接受的附加条件的； （六）法律、法规和招标文件规定的其他无效情形。

<table>
<tr><th>题号</th><th>答案</th></tr>
<tr><td>14</td><td>《政府采购竞争性磋商采购方式管理暂行办法》第二十六条规定：评审报告应当包括以下主要内容：
（一）邀请供应商参加采购活动的具体方式和相关情况；
（二）响应文件开启日期和地点；
（三）获取磋商文件的供应商名单和磋商小组成员名单；
（四）评审情况记录和说明，包括对供应商的资格审查情况、供应商响应文件评审情况、磋商情况、报价情况等；
（五）提出的成交候选供应商的排序名单及理由。</td></tr>
<tr><td>15</td><td>可行。确定成交供应商前需要的程序：
（一）采购人、采购代理机构应当在采购活动开始前，报经主管预算单位同意后，向本级财政部门申请批准；
（二）得到批准后，根据招标文件中的采购需求编制谈判文件；
（三）成立谈判小组，由谈判小组对谈判文件进行确认；
（四）（供应商响应）谈判；
（五）确定成交供应商。</td></tr>
<tr><td>16</td><td>公开招标公告的内容：
（一）采购人及其委托的采购代理机构的名称、地址和联系方法；
（二）采购项目的名称、预算金额，设定最高限价的，还应当公开最高限价；
（三）采购人的采购需求；
（四）投标人的资格要求；
（五）获取招标文件的时间期限、地点、方式及招标文件售价；
（六）公告期限；
（七）投标截止时间、开标时间及地点；
（八）采购项目联系人姓名和电话。</td></tr>
<tr><td>17</td><td>集中采购，是指采购人将列入集中采购目录的项目委托集中采购机构代理采购或进行部门集中采购的行为；
分散采购，是指采购人将采购限额标准以上的未列入集中采购目录的项目自行采购或委托采购代理机构代理采购的行为。</td></tr>
</table>

题号	答案
18	（一）政府采购货物或服务项目，单项采购金额达到 200 万元以上的，必须采用公开招标方式。 （二）政府采购工程以及与工程建设有关的货物、服务公开招标数额标准为： • 政府采购工程的施工单项合同估算价达到 400 万元以上的； • 采购与工程建设有关的重要设备、材料等货物达到 200 万元以上的； • 采购与工程建设有关的勘察、设计、监理等服务达到 100 万元以上的。
19	（一）就同一采购项目向供应商提供有差别的项目信息； （二）设定的资格、技术、商务条件与采购项目的具体特点和实际需要不相适应或者与合同履行无关； （三）采购需求中的技术、服务等要求指向特定供应商、特定产品； （四）以特定行政区域或者特定行业的业绩、奖项作为加分条件或者中标、成交条件； （五）对供应商采取不同的资格审查或者评审标准； （六）限定或者指定特定的专利、商标、品牌或者供应商； （七）非法限定供应商的所有制形式、组织形式或者所在地。
20	（一）成立谈判小组。谈判小组由采购人的代表和有关专家共三人以上的单数组成，其中专家的人数不得少于成员总数的三分之二。 （二）制定谈判文件。谈判文件应当明确谈判程序、谈判内容、合同草案的条款以及评定成交的标准等事项。 （三）确定邀请参加谈判的供应商名单。谈判小组从符合相应资格条件的供应商名单中确定不少于三家的供应商参加谈判，并向其提供谈判文件。 （四）谈判。谈判小组所有成员集中与单一供应商分别进行谈判。在谈判中，谈判的任何一方不得透露与谈判有关的其他供应商的技术资料、价格和其他信息。谈判文件有实质性变动的，谈判小组应当以书面形式通知所有参加谈判的供应商。 （五）确定成交供应商。谈判结束后，谈判小组应当要求所有参加谈判的供应商在规定时间内进行最后报价，采购人从谈判小组提出的成交候选人中根据符合采购需求、质量和服务相等且报价最低的原则确定成交供应商，并将结果通知所有参加谈判的未成交的供应商。

题号	答案
21	（一）依法必须招标的项目，应当发布招标公告而不发布的； （二）不在指定媒介依法发布必须招标项目的招标公告的； （三）招标公告中有关获取招标文件时间和办法的规定明显不合理的； （四）招标公告中以不合理条件限制或排斥潜在投标人的； （五）提供虚假的招标公告、证明材料的，或者招标公告含有欺诈内容的； （六）在两个以上媒介发布同一招标项目的招标公告内容明显不一致的。
22	（一）招标人在开标前开启投标文件并将有关信息泄露给其他投标人； （二）招标人直接或者间接向投标人泄露标底、评标委员会成员等信息； （三）招标人明示或者暗示投标人压低或者抬高投标报价； （四）招标人授意投标人撤换、修改投标文件； （五）招标人明示或者暗示投标人为特定投标人中标提供方便； （六）招标人与投标人为谋求特定投标人中标而采取的其他串通行为。
23	（一）受理后发现投诉不符合法定受理条件； （二）投诉事项缺乏事实依据，投诉事项不成立； （三）投诉人捏造事实或者提供虚假材料； （四）投诉人以非法手段取得证明材料。证据来源的合法性存在明显疑问，投诉人无法证明其取得方式合法的，视为以非法手段取得证明材料。
24	供应商参加政府采购活动应当具备的条件有： （一）具有独立承担民事责任的能力； （二）具有良好的商业信誉和健全的财务会计制度； （三）具有履行合同所必需的设备和专业技术能力； （四）有依法缴纳税收和社会保障资金的良好记录； （五）参加政府采购活动前三年内，在经营活动中没有重大违法记录； （六）法律、行政法规规定的其他条件。

题号	答案
25	（一）投标人之间协商投标报价等投标文件的实质性内容； （二）投标人之间约定中标人； （三）投标人之间约定部分投标人放弃投标或者中标； （四）属于同一集团、协会、商会等组织成员的投标人按照该组织要求协同投标； （五）投标人之间为谋取中标或者排斥特定投标人而采取的其他联合行动。
26	（一）公开招标； （二）邀请招标； （三）竞争性谈判； （四）单一来源采购； （五）询价； （六）国务院政府采购监督管理部门认定的其他采购方式。
27	根据财政部令第 74 号第三条，采购人、采购代理机构采购以下货物、工程和服务之一的，可以采用竞争性谈判、单一来源采购方式采购；采购货物的，还可以采用询价采购方式： （一）依法制定的集中采购目录以内，且未达到公开招标数额标准的货物、服务； （二）依法制定的集中采购目录以外、采购限额标准以上，且未达到公开招标数额标准的货物、服务； （三）达到公开招标数额标准、经批准采用非公开招标方式的货物、服务； （四）按照招标投标法及其实施条例必须进行招标的工程建设项目以外的政府采购工程。
28	财政部令第 102 号第十条，以下各项不得纳入政府购买服务范围： （一）不属于政府职责范围的服务事项； （二）应当由政府直接履职的事项； （三）政府采购法律、行政法规规定的货物和工程，以及将工程和服务打包的项目； （四）融资行为； （五）购买主体的人员招、聘用，以劳务派遣方式用工，以及设置公益性岗位等事项； （六）法律、行政法规以及国务院规定的其他不得作为政府购买服务内容的事项。

题号	答案
29	根据财库（2014）214 号文件第三条符合下列情形的项目，可以采用竞争性磋商方式开展采购： （一）政府购买服务项目； （二）技术复杂或者性质特殊，不能确定详细规格或者具体要求的； （三）因艺术品采购、专利、专有技术或者服务的时间、数量事先不能确定等原因不能事先计算出价格总额的； （四）市场竞争不充分的科研项目，以及需要扶持的科技成果转化项目； （五）按照招标投标法及其实施条例必须进行招标的工程建设项目以外的工程建设项目。
30	《政府采购货物和服务招标投标管理办法》第三条规定：货物服务招标分为公开招标和邀请招标。 （一）公开招标，是指采购人依法以招标公告的方式邀请非特定的供应商参加投标的采购方式。 （二）邀请招标，是指采购人依法从符合相应资格条件的供应商中随机抽取 3 家以上供应商，并以投标邀请书的方式邀请其参加投标的采购方式。
31	（一）招标后没有供应商投标或者没有合格标的或者重新招标未能成立的； （二）技术复杂或者性质特殊，不能确定详细规格或者具体要求的； （三）采用招标所需时间不能满足用户紧急需要的； （四）不能事先计算出价格总额的。
32	（一）就同一采购项目向供应商提供有差别的项目信息； （二）设定的资格、技术、商务条件与采购项目的具体特点和实际需要不相适应或者与合同履行无关； （三）采购需求中的技术、服务等要求指向特定供应商、特定产品； （四）以特定行政区域或者特定行业的业绩、奖项作为加分条件或者中标、成交条件； （五）对供应商采取不同的资格审查或者评审标准； （六）限定或者指定特定的专利、商标、品牌或者供应商； （七）非法限定供应商的所有制形式、组织形式或者所在地。

题号	答案
33	单一来源采购，是指采购人从某一特定供应商处采购货物、工程和服务的采购方式。符合下列情形之一的货物或者服务可以采用单一来源方式采购： （一）只能从唯一供应商处采购的； （二）发生了不可预见的紧急情况不能从其他供应商处采购的； （三）必须保证原有采购项目一致性或者服务配套的要求，需要继续从原供应商处添购，且添购资金总额不超过原合同采购金额百分之十的。
34	《竞争性磋商采购方式管理暂行办法》第三条规定，符合下列情形的项目，可以采用竞争性磋商方式开展采购： （一）政府购买服务项目； （二）技术复杂或者性质特殊，不能确定详细规格或者具体要求的； （三）因艺术品采购、专利、专有技术或者服务的时间、数量事先不能确定等原因不能事先计算出价格总额的； （四）市场竞争不充分的科研项目，以及需要扶持的科技成果转化项目； （五）按照招标投标法及其实施条例必须进行招标的工程建设项目以外的工程建设项目。

H1 8.2　案例题

H2 8.2.1　题目

1. 某单位财务货物，采购方式为公开招标，原定于4月8日开标，4月6日，采购人才发现，在向采购中心进行采购委托时，系统的技术参数和设备数量错误，采购中心接到通知后，将开标时间调整到4月15日，并在政府采购网上发布了有关本次公开招标开标时间和技术参数与设备数量调整的公告。为了保证每个供应商看到上述公告，采购中心人员逐个给每家供应商打了电话以便告知此事。

问

采购中心在项目的上述做法中有无问题。

答：

2. 2021年，某省税务局税务制服制作采购项目，预算资金1585万元，分为四个包，分别为春秋服488万元，夏服393万元，冬服417万元，防寒服287万元，采购方式为公开招标。采购项目评审评委5人，其中采购人代表1人，评审专家4人。

问

请对此案例进行分析。

答：

3. 在一次物业政府采购活动中，有 3 家物业供应商参与投标，并通过资质审查。其中，A 物业公司中标并签订了项目合同。随后 B 物业公司提出质疑，称 A 物业公司与 C 物业公司存在关联关系，属于串通投标。监管部门接到质疑后，立即进行了认真核实。调查显示，A 物业公司的一个项目经理原来是 C 物业公司的项目经理，A 物业公司的法人是 C 物业公司的监事，但并未查出 A 物业公司与 C 物业公司存在串通报价、文件混装等行为。

问

（1）本案例中，A 公司和 C 公司有关联关系吗？A 公司中标无效吗？

（2）公司之间有关联关系就能认定是围标串标吗？

答：

4. 2021 年某市一区发展和改革局立项的“十三五易地扶贫搬迁集中安置点一体化污水处理设备采购项目”，在该市公共资源交易中心公开招标。此次开评标在网上进行。经评审，A 公司为第一中标候选人。评标结束后，代理机构在整理资料时，发现部分投标人的资格存在问题，随即将上述情况报给了采购人。采购人得知在资格审查上出现失误后，将问题上报给了监管部门。监管部门在处理该问题时，还发现一家供应商的报价存在严重错误，分项报价和为 2156900 元，但其投标文件总报价一栏写的却是 3156900 元，与分项报价相差 100 万元整。评标委员会评审时却未发现此问题。最终该项目作废标处理。

问

采购人资格审错了怎么办？

答：

5. 某省政府采购中心受当地体育彩票管理中心的委托，采购500台“全热线”电脑体育彩票销售终端机。根据国家体育总局提供的全热线销售终端机的入围企业名单，一共有五家企业，本次采购活动于是就采取了竞争性谈判的采购方式，其程序却一波三折，生出了许多事端。这五家企业中只有两家购买了谈判文件。不到三家，怎么办？就在这时，谈判之前，一家能提供兼容半热线产品的供应商来买谈判文件，并出示了国家体育总局体彩中心的一份文件，证明兼容型的机型也能满足采购人的需求。政府采购中心于是就放心地把谈判文件卖给了该供应商。

在评审结果出来之后，最后补充进来的兼容机型供应商排名竟是第一，另外一家全热线机型供应商排名第二。采购人执意要选择排名第二的全热线供应商，本来排名第一的兼容机型供应商却被采购人“抛弃”。此举引起排名第一的兼容供应商强烈不满，于是就经过质疑并走向了投诉，当地政府采购中心和采购人均成了被投诉人。

问

结合案例回答：

（1）竞争性谈判采购方式的适用条件是什么？

（2）你认为这次采购在程序上存在哪些问题？

答：

6. 某县政府采购中心代理一医院招标。招标文件规定，投标截至时间为某日10：30（北京时间），投标人必须在投标截至时间之前将投标文件递交至该县医院综合楼509室，超过投标截止时间的投标文件将被拒绝接收。当日在该医院会议室开标，10：30，主持人按时宣布开标。然而，主持人话音刚落，一个投标人举着投标文件气喘吁吁冲进来，后面还跟着该医院的保安。此时，时针已指向10：31。尽管投标人一再解释，是因为保安的阻拦和盘查，才延误了到场时间，该保安也承认是自己的责任，但采购中心还是依法拒收投标文件。无奈该投标人离开招标现场，直接去监管部门投诉。

问

结合案例回答：开标应遵循怎样的原则和方法？迟到的投标书是否应该拒收？投标人能否胜诉？

答：

7. 以下内容为XX省财政厅公开的单一来源政府采购项目的公示。

案例

XX师范学院思政辅助教学及无纸化考试系统

单一来源方式采购征求意见公示

发布机构：XX项目管理集团有限公司

发布人：牛老师

发布日期：2021－07－24

一、项目信息

1. 项目名称：XX师范学院思政辅助教学及无纸化考试系统服务项目

2. 拟采购的货物或服务的说明

思政辅助教学及无纸化考试系统

3. 拟采购的货物或服务的预算金额：200000元

4. 单一来源原因及相关说明

一是XX超新星数图信息技术有限公司的备课源库在市场具有唯一性；二是此次采购是在学校平台基础上进行资源扩充，单一来源采购可节约已投入的运营成本；三是XX超新星数图信息技术有限公司提供的平台服务在学校已有运行和维护的经验，师生已熟悉操作，再换供应商会带来数据不能统一和增加培训使用时间成本，特申请采用单一来源方式采购。供应商为XX超新星数图信息技术有限公司。

二、拟定供应商信息

1. 名称：XX超新星数图信息技术有限公司

2. 地址：XX自贸试验区XX片区XX东路85号雅宝东方国际广场1号

三、专家论证意见（不少于三名行业技术专家）

略。

四、公示期限

2021年07月24日00时00分　至　2021年07月31日17时00分（北京时间，法定节假日除外）

五、异议反馈时限

2021年07月24日00时00分　至　2021年07月31日17时00分

六、其他需要公示内容

任何潜在供应商、单位或个人对采用单一来源方式有异议的，请于公示期内以书面形式向采购人和采购代理机构提出异议（加盖单位公章且法人代表人或其授权代表携带企业营业执照副本原件及本人身份证件（原件）一并提交（邮寄、传真件不予受理），异议须阐明供应商非唯一性意见，并注明联系人名称、地址、联系电话，附相关证明和依据材料。

七、联系方式

1. 采购人信息

名称：XX 师范学院

地址：XX 市 XX 路 1638 号

联系人：马老师

联系方式：1234－66666666

2. 财政部门信息

名称：XX 省财政厅

地址：XX 省 XX 市经三路 25 号

联系人：政府采购监督管理处

联系方式：1234－12345678

3. 采购代理机构信息

名称：新知项目管理集团有限公司

地址：XX 市高新区雪松路 XX 公园茂 C 座 1207 室

联系人：王老师

联系方式：1234－55566688

问

（1）根据你的认识，分析本案例单一来源的理由是否充分。

（2）结合案例，谈谈单一来源采购的优点和缺点。

答：

8. 以下材料为XX省财政厅公开的投诉处理决定书，阅读后回答问题。

案例

XX省财政厅投诉处理结果公告（2021年第23号）

发布机构：XX省财政厅政府采购监督管理处

发布人：XXX　发布日期：2021－07－26 13：51

一、项目编号：X财招标采购－2021－25

二、项目名称：XX省工业科技学校高水平中等职业学校建设项目

三、相关当事人

投诉人：中国联合网络通信有限公司XX市分公司

地址：XX市平原路319号

被投诉人1：XX省工业科技学校

地址：XX市科隆大道114号

被投诉人2：荣达工程咨询有限公司

地址：XX市高新区创富中心3号楼7层6号

四、基本情况

投诉人因对质疑答复不满意提起投诉，本机关依法受理处理。投诉事项为：一是中标候选人XX金宏达网络科技有限公司不满足招标文件要求。招标文件中要求的在接到用户维修请求后，应能在4小时内做出快速响应，并在1个工作日内派出专业维修人员到达现场维修处理的要求；二是投诉人的财务审计报告未通过资格审查；三是开标流程不合规。招标文件中规定资格审查后，应当告知投标人未通过资格审查的原因。要求对投诉人的投标文件进行重新审查，此标段重新评审。

五、处理结果及依据

投诉事项1、3缺乏事实依据，投诉不成立；投诉事项2投诉成立，且投诉事项2所造成的结果实质性影响了采购公正。因此，根据《中华人民共和国政府采购法》第三十六条第（二）项的规定，本机关决定责令采购人对本项目废标，并重新开展采购活动。

六、其他补充事宜

无

XX省财政厅政府采购监督管理处

2021年7月26日

问

（1）结合案例，谈谈政府采购监督的实际效果。

（2）结合所学知识，谈谈你对本案最后处理结果的看法。

答：

9. 某高校新建综合楼拟采购3台电梯，总计约85万元（该地区公开招标限额为50万元），该楼9月1日开学时必须使用，考虑到电梯交货期最基本需要3个月、安装调试期及法定部门验收最少需要1个月，也就是说该项目在5月1日前必须采购结束。再根据“招标公告时间最短需要20天”的有关规定，该项目必须在4月11日左右发出本次采购的招标文件。然而该校为了达到排斥部分供应商的目的，不愿意信息公开，不愿意采用用公开招标的方式。为此，他们在3月初将采购需求制定完毕后，就再也没有继续开展这项工作，直到4月15日才向采购中心正式提出书面委托，并提出了需求紧急的申请。为保证该项目的顺利实施，采购中心只得为该项目申请了竞争性谈判的采购方式，使得采购人在较小的范围内实行了谈判采购。

问

采购人的做法属于什么样的行为？

答：

10. 某市政府投资的一建设工程项目，项目法人单位委托某招标代理机构采用公开招标方式代理项目施工招标，并委托具有相应资质的工程造价咨询企业编制了招标控制价。招标过程中发生以下事件：

事件1：招标信息在招标信息网上发布后，招标人考虑到该项目建设工期紧，为缩短招标时间，而改用邀请招标方式，并要求在当地承包商中选择中标人。

事件2：资格预审时，招标代理机构审查了各个潜在投标人的专业、技术资格和技术能力。

事件3：招标代理机构设定招标文件出售的起止时间为3个工作日；要求投标人提交的投标保证金为120万元。

事件4：开标后，招标代理机构组建评标委员会，由技术专家2人、经济专家3人、招标人代表1人，该项目主管部门主要负责人1人组成。

事件5：招标人向中标人发出中标通知书后，向其提出降价要求，双方经过多次谈判，签订了书面合同，合同价比中标价降低2%。招标人在与中标人签订合同3周后，退还了未中标的其他投标人的投标保证金。

问

（1）指出事件1中招标人行为的不妥之处，并说明理由。

（2）说明事件2中招标代理机构在资格预审时还应审查哪些内容。

（3）指出事件3、事件4中招标代理机构行为的不妥之处，并说明理由。

（4）指出事件5中招标人行为的不妥之处，并说明理由。

答：

11. 某市税务局经过车改后，现存公务用车老化，对达到报废标准的车辆进行了处置。目前该局公车缺编 20 辆。2020 年 7 月该局与某采购代理有限公司签订委托代理采购协议，协议约定由代理公司为该局采购 20 辆上海大众帕萨特汽车，项目预算金额 298 万元，通过公开招标方式采购。该局在财政部指定的网站发布了招标公告。

问

请分析以上采购行为是否正确，并说明理由。

答：

12. 2020 年 12 月，某市采购中心就某行政机关信息系统 2021 年度维保项目采用竞争性谈判方式公开采购，首次响应文件提交截止时，只有某信息公司和某软件公司 2 家应商参加谈判。采购人依据财政部 74 号令的相关规定终止竞争性谈判采购活动并于 2020 年 12 月下旬重新开展竞争性采购活动。

二次竞争性谈判公告后，共有某信息公司、某软件公司和某通信公司 3 家供应商参加竞争，后某软件公司和某通信公司的响应文件被谈判小组判为无效响应文件，该项目二次采购再次失败。由于本项目实施时间紧急，且已经过两次采购，市采购中心遂即改用单一来源采购，确定该信息公司为唯一供应商，并组织专业人员组成协商小组，与某信息公司商定成交价格并签订成交合同。

成交结果公告后，某软件公司向市采购中心提出书面质疑。市采购中心答复后，某软件公司不满采购中心的答复向财政部门投诉。某软件公司诉称：本项竞争性谈判结果未公布而将采购方式变更为单一来源采购的行为违法。

问

（1）请分析说明本项目二次采购再次失败后采用单一来源采购的做法是否正确。

（2）请分析说明该项目二次采购再次失败后正确的采购措施。

（3）假如你是该单位采购人员，请谈谈如何解决类似多次采购失败的问题，防范步入“无限循环采购”的怪圈。

答：

13. 某省税务局某采购项目采购预算300万元，但由于拟采购货物属于通用性项目，因此全国相关厂家较多。为节省采购中的工作量，确保采购到信誉好的产品，经该局党委会研究，同意采用邀请招标的方式进行采购。该采购人向采购代理机构提出了书面申请，建议采用邀请招标的方式进行采购，并同时提供了该单位集体考察合格的4家供应商名单。采购代理机构接到申请后，考虑该行业的实际情况，同意了采购人的申请，但为了扩大项目的竞争性，又另外邀请了3家供应商。随后，按照规定的程序，在核实完采购需求后，采购代理机构向上述7家供应商发出了招标邀请，并进行了邀请招标，并将招标结果在本单位外网和中国税务报进行了公告。

问

该采购人和采购代理机构的相关做法是否适当？为什么？

答：

14. 某市税务部门一工程项目计划于 2019 年 12 月 28 日开工，经有关行政监督部门批准可以采取邀请招标方式。于 2019 年 9 月 8 日向通过资格预审的 A、B、C、D、E 五家施工承包企业发出了投标邀请书。该五家企业均接受了邀请，并于规定时间 9 月 20～22 日购买了招标文件。招标文件中规定，10 月 18 日下午 4 时是招标文件规定的投标截止时间，11 月 10 日发出中标通知书。

在投标截止时间之前，A、B、D、E 四家企业提交了投标文件，但 C 企业于 10 月 18 日下午 5 时才送达，原因是中途堵车；10 月 21 日下午由当地招投标监督管理办公室主持进行了公开开标。

评标委员会成员共有 7 人组成，其中当地招投标监督管理办公室 1 人，公证处 1 人，招标人 1 人，技术经济方面专家 4 人。评标时发现 E 企业投标文件虽无法定代表人签字和委托人授权书，但投标文件均已有项目经理签字并加盖了公章。评标委员会于 10 月 28 日提出了评标报告。B、A 企业分别综合得分第一、第二名。由于 B 企业投标报价高于 A 企业，11 月 10 日招标人向 A 企业发出了中标通知书，并于 12 月 12 日签订了书面合同。

问

请指出上述招标工作的不妥之处，并说明理由。

答：

15. 近期某局因某项紧急工作需要，需采购30台台式计算机，预算金额在15万元左右，相关业务部门分管领导希望能够在当月完成采购，经查询政府采购计划管理系统，该局当年的政府采购货物类预算已不足10万元。

问

（1）若你是该局政府采购人员，应如何应对、做好此项工作？（请分情况、分步骤说明）

（2）可就此为今后提出哪些合理化建议？

答：

16. 某市集中采购机构受采购人委托，对其办公楼物业管理服务项目进行公开招标。招标公告发出后，有 8 家供应商下载了招标文件，投标截止前，共有 6 家供应商递交了投标文件。集中采购机构及时组织了开标和评标。在评标阶段，采购人代表发现从投标文件上看一直服务于采购人的 A 公司并不具有优势，再加上 A 公司的人员配置和采购需求相比存在瑕疵，因此其技术分也不具有优势，有可能落标。评标委员会组长审核投标文件后，也认为 A 公司投标文件基本符合招标文件的要求，但技术方案确实存在不少缺陷。由于在新冠肺炎防控期间，采购人不希望更换物业服务单位，采购人代表遂建议评标委员会要求 A 公司进行澄清，作进一步补充和说明：承诺如果中标，针对人员配置做进一步优化，并对投标文件技术方案中没有写明但招标文件有要求的技术内容作进一步补充。在规定的时间内，A 公司及时进行了回复澄清。采购人代表对 A 公司的澄清回复很满意。经评标委员会综合评审，A 公司为第一中标候选人。之后该项目引起了其他供应商的质疑和投诉。

问

该项目上述做法的问题应如何定性，责任方应受到什么处罚？（请注意在回答中列明文件依据）

答：

17. 采购中心受采购人委托组织家具公开招标，采购预算 150 万元。根据招标文件的要求，所有家具的板面采用双层中密度板加胡桃木皮贴面。某供应商在投标时，为了赢得中标，事先和采购人取得了“默契”，不但在投标时完全响应招标文件的一切要求，而且还选用了较好的材料，如中密度板就选用了优质一级中密度板，此外报出了一个惊人的低价（110 万元），最终该供应商被推荐为第一中标人。合同签订过程中，该供应商与采购人协商，以优质一级中密度板市场脱销为理由，将中密度板换成了品质较差的另外一个品牌，且合同金额不变；作为补偿，该供应商在合同中将免费维保期增加一年。

问

（1）如何评价上述行为？

（2）若采购人在合同履行中需再增补采购 10 万元货物，可以直接与该供应商进行商谈吗？

答：

18. 某采购中心组织传真机询价采购，由于项目标的不大，询价小组成员由两名相关专家和一名采购人代表组成。在采购过程中，作为询价小组成员的采购人代表发现其中一款机器性能和原先了解的情况出入较大，而另一款机器由于事先没有说明，故报价的几家供应商有的是标准配置，有的带选装件，而且各家由于理解不同，所配的选装件也不一样。为此经询价小组和采购中心工作人员认可，询价小组对第一款机器的型号做了更正，而对另一款机器的配置情况做了统一，随后又让供应商重新填报了报价，并根据报价最低的原则选择了成交供应商。

问

（1）采用询价方式采购的适用范围和程序各是什么？

（2）该询价小组的做法是否妥当？

答：

19. 某政府资金投资的工程建设项目货物采购，招标人定标过程中，细致审查了评标报告中推荐的三名中标候选人的投标文件。其中第一中标候选人：产品的质量较好，有12年的生产历史，市场占有率达到了4%左右，同时有较好的社会信誉，但其投标报价在评标委员会推荐的三名中标候选人中最高，也没有承诺中标后额外提供一些优惠条件。第二中标候选人：产品成熟度不如第一中标候选人，其提供的产品仅有4年左右的生产历史，市场占有率达到1.5%左右，其投标报价为评标委员会推荐的三名中标候选人中最低，也没有承诺中标后额外提供一些优惠条件。第三中标候选人：为新出品的该类产品，投放到市场不足2年。其投标报价居中，同时有很好的优惠承诺，即中标后免费提供3年易损件，为招标人免费培训3名操作人员等。

招标人认为第一中标候选人最理想，但其价格较高。故向第一中标候选人发出一份通知，要求该投标人在现有的报价基础上下浮2%，同时免费提供3年易损、易坏件，并为招标人免费培训3名操作人员。第一中标候选人在复函中仅同意为招标人免费培训3名操作人员，其他条件一概不接受。因此招标人又向第一中标候选人发出了一封措词严厉的通知，称如不答应招标人的条件，将不采购其提供的产品。这一次第一中标候选人作了些让步，同意免费提供3年易损件，但仍不同意下浮其投标报价，并认为招标人的做法违反了《招标投标法》。但招标人认为，既然招标人和投标人是为签订合同，只要中标通知书没发出，招标人都有权利要求投标人做出某种更有利于招标人的承诺，也只有这样才能采购到满足需求的产品。

问

（1）招标人和投标人的观点哪种正确？说明理由。

（2）招标人应怎样确定中标人？为什么？

答：

20. 案情一：某省级单位建设一个局域网，采购预算450万元。该项目招标文件注明的合格投标人资质必须满足：注册资金在2000万元以上、有过3个以上省级成功案例的国内供应商。同时载明，有过本系统一个以上省级成功案例的优先。招标结果，一个报价只有398万元且技术服务条款最优的外省供应商落标，而中标的是报价为448万元的本地供应商（该供应商确实做过3个成功案例，其中在某省成功开发了本系统的局域网）。

案情二：某年12月13日，某省级单位从中央争取到一笔专项资金，准备通过邀请招标对下配发一批公务车辆，上级明确要求该笔资金必须在年底出账。考虑到资金使用的时效性，经领导研究确定采购桑塔纳2000型轿车，并于12月18日发出了邀请招标文件。12月31日，该单位邀请了3家同一品牌代理商参与竞标，经评标委员会评审选定由A代理商中标。随后双方签订了政府采购合同，全部采购资金于当天一次拨清。

问

上述案情是否符合政府采购的规范，为什么？

答：

21. 某市医院保洁服务项目中标公告发布后，参与该项目采购活动的投标人 B 公司提出质疑，根据新闻报道，中标人 A 公司两年前因生产安全事故被罚款 6 万元，不符合招标文件要求，不具有投标资格。

经查，2018 年 5 月，该市某区安全生产监督管理局处确实曾对 A 公司作出罚款 6 万元的行政处罚。属于《安全生产违法行为行政处罚办法》（国家安全监管总局令第 15 号）第三十三条第二款规定的“较大数额罚款”。因此，采购人、采购代理机构认定 A 公司不符合项目招标文件要求，中标无效。

问

（1）A 公司的质疑应向谁提出？提出质疑的法定期限是多长时间？

（2）采购人、采购代理机构认定 A 公司中标无效的法律依据是什么？采购活动应该如何处理？

（3）除了中标无效，A 供应商还可能承担什么法律责任？

答：

22. 某市文化馆家具项目公开招标，招标文件规定所投产品的生产厂家获得“中国驰名商标”证书得2分。对此，投标人A公司认为此项设置存在排他性，违反公平公正原则。随后，其向采购代理机构提出质疑。该项目采购代理机构给予书面回复，称目前市场上有很多家具生产厂家满足此项设置条件，并且列举了近20家“中国驰名商标”家具企业名单。

问

(1) 评审因素设置“中国驰名商标”分值是否合理？并说明理由。

(2) 如果投标人A公司对采购代理机构的答复不满意，还可以寻求怎样的法律救济？

答：

23. 近期，某市税务局局长在基层调研过程中，了解到很多基层办税服务大厅设备老化，造成工作效率低下，影响税务部门形象，计划为基层办税服务大厅更新一批信息化设备，测算费用约为560万元，由市局统一支付。其中：自助办税终端60台，预算300万元；台式计算机400台，预算200万元；针式打印机200台，预算60万元。

问

如果你是采购人员，请你谈谈如何做好以上设备采购工作。

答：

24. 2021年，某市财政局计划采购20台PC服务器，经费预算240万元，已在中国政府采购网发布了如下招标公告。

案例

某市财政局PC服务器项目招标公告

发布时间：2021年8月7日

某市财政局PC服务器招标项目的潜在投标人应在XX市XX路123号XX大厦三楼XX房间获取招标文件，并于2021年8月28日14点30分（北京时间）前递交投标文件

一、项目基本情况

项目编号：ZFCG20210807

项目名称：某市财政局PC服务器招标项目

预算金额：200万元

最高限价：180万元

采购需求：为提升纳税服务系统性能，拟采购10台高端PC服务器，详细技术和服务需求见招标文件

合同履行期限：合同签订之日起30日

本项目不接受联合体投标。

二、申请人的资格要求：

1. 满足《中华人民共和国政府采购法》第二十二条规定；

2. 本项目的特定资格要求：

2.1 没有不良信用记录，未被列入"信用中国"网站（www.creditchina.gov.cn）和中国政府采购网（www.ccgp.gov.cn）不良信用记录名单；

2.2 投标人需具有合同金额200万元以上同类项目经验。

三、获取招标文件

时间：2021年8月7日至2021年8月13日，每天上午8：30 至12：00，下午14：30至17：30（北京时间，法定节假日除外）

地点：XX市XX路123号XX大厦三楼XX房间

方式：现场购买纸质版和电子版招标文件，购买前需提交营业执照复印件、同类项目业绩证明材料、领取招标文件人的身份证复印件、领取招标文件人的授权文件（以上项目复印件均应加盖公章）。

售价：200元

四、提交投标文件截止时间、开标时间和地点

2021年8月28日14点30分（北京时间）

地点：XX 市 XX 路 123 号 XX 大厦三楼 XX 房间

五、公告期限

自本项目发出招标文件之日起 5 个工作日。

六、其他补充事宜

无

七、对本次招标提出询问，请按以下方式联系

1. 采购人信息

名　　称：某市财政局

地　　址：1234－1234567

联系方式：1234－1234567

2. 采购代理机构信息

名　　称：XX 招标有限公司

地　　址：XX 市 XX 路 123 号 XX 大厦三楼 XX 房间

联系方式：1234－7654321

3. 项目联系方式

项目联系人：李老师

电　　话：1234－9876543

问

请你找出招标公告中存在的错误，并说明理由。（公告中的人名、单位名称、电话号码和相关地址均为虚构，不要作为错误提出）

答：

25. 近期某市税务局计划采购 60 台自助办税终端，采购预算 300 万元，按照有关规定采购部门启动了采购程序，并拟定了如下采购方案。

案例

XX 市税务局自助办税终端项目采购方案

一、项目名称：XX 市税务局自助办税终端项目

二、项目编号：SSSWZFCG20210728

三、采购内容：60 台自助办税终端

四、采购预算：300 万元

五、实施形式：拟委托 XXX 招标公司实施采购

六、采购方式：拟采用公开招标方式实施采购

七、供应商资格条件：

（一）一般资格条件：

1. 满足政府采购法第二十二条规定的条件；

2. 没有不良信用记录，未被列入“信用中国”网站（www. creditchina. gov. cn）和中国政府采购网（www. ccgp. gov. cn）不良信用记录名单；

（二）特定资格条件：具有设备原厂商授权。

八、需落实的采购政策：节约能源、保护环境、支持不发达地区和少数民族地区、促进中小企业发展等

九、投标保证金：无

十、履约保证金：缴纳比例为预算金额的 5%

十一、付款方式：设备到货安装完毕并经验收合格后一次性支付合同金额的 100%。

十二、评标委员会组成：评标委员会由 7 人组成，财政部门政府采购专家库专家 4 名，用户代表 3 名。

十三、评审标准：

（一）评标方法

1. 本次评标采用综合评分法，将投标价格、商务、技术服务等要素作为评价的基础，综合评选出最佳投标方案。每一投标人的最终得分为所有评委给其评分的算数平均值，评标最终得分保留 2 位小数；

2. 投标报价得分计算采用低价优先法。本次采购对小型、微型企业产品、监狱企业产品、残疾人福利性单位产品的价格给予 5% 的扣除，用扣除后的价格参与评审打分。

3. 评标结果按评审后综合得分由高到低顺序排列。综合得分相同的，按投标

报价由低到高顺序排列。综合得分相同且投标报价也相同的，按照技术服务指标评审得分由高到低排序。对于按照以上规定处理后仍出现中标候选人并列的，由评标委员会举手表决确定中标候选人顺序。

（二）评分标准

评分因素	分值分配
价格部分	20
商务部分	17
技术服务部分	63
合　计	100分

（三）评分细则

价格分保留两位小数，主观分最小得分单位为0.5分，评标委员会成员对同一供应商的客观分评定须完全一致，存在不同意见的，评标委员会成员应分别做出书面说明。

评分类型	评分因素	要素分值	评分细则	备注
价格部分（20分）	投标报价	20	采用低价优先法计算，即：满足招标文件要求且投标价格最低的投标报价为评标基准价，其价格分为20分。其他投标人的价格分统一按照下列公式计算：投标报价得分=（投标报价/评标基准价）×20×100%。	客观分
商务部分（17分）	企业信誉	3	投标人信用等级为AAA级的得3分，AA级的得2分，A级的得1分，其他不得分。（投标文件需附有效期内的信用等级证书复印件并加盖公章，且复印件应清晰，未按规定提供的不得分）。	客观分
	企业　资质	4	1、投标人通过质量管理体系认证（ISO9001）的得2分；2、投标人通过信息技术服务管理体系认证（ISO20000）的得2分；（投标文件需附有效期内的认证证书复印件并加盖公章，以及在国家认监委官网上证书查询的截图打印件并加盖公章，且复印件及打印件均应清晰，未按规定提供的不得分。）	客观分

续表

评分类型	评分因素	要素分值	评分细则	备注
商务部分（17分）	产品资质及原厂服务	2	投标人能够提供本项目所投产品原厂商授权（若投标人为所投产品生产厂家的，能够提供所投产品制造声明函的）和原厂商5年售后服务承诺函的，得2分；（投标文件需要附以上产品制造声明函（或厂家授权书原件）和原厂商5年售后服务承诺函，没有按要求提供的，或者提供的资料不符合要求的不得分。）	客观分
	成功案例	8	自2017年1月1日以来投标人具有同类项目经验的，每提供一个成功案例证明（合同金额大于200万元以上）的得1分，最多得5分，以上案例中每有一个税务行业案例的加1分，最多加3分。（投标文件需附项目案例中标公告（或成交公告或中标结果公示）网页截图打印件（并提供网站查询路径或网址备查）、中标通知书复印件、合同复印件，并加盖公章，且复印件或打印件应清晰可辨，未按规定提供的不得分。）	客观分
技术服务部分（63分）	技术指标	35	投标人所投产品满足招标文件提出的所有技术指标要求的得满分，任何一项标注“★”的技术指标要求不能满足的投标将被拒绝，每有一项标注“#”的技术指标要求不能满足的扣2分，其他指标要求每有一项不能满足的扣1分，扣完为止。	客观分
	服务要求	18	投标人承诺招标文件提出的所有服务指标要求的得满分，任何一项标注“★”的服务指标要求不能承诺的投标将被拒绝，每有一项标注“#”的服务指标要求不能承诺的扣2分，其他指标要求每有一项不能满足的扣1分，扣完为止。	客观分
	服务方案	5	投标人就本项目提供的服务方案综合评价。服务内容全面、落地可行性强、与用户需求的实际贴合度高得4－5分；服务内容较全面、基本符合招标文件要求、可行性较强得2－3分；基本符合招标文件要求、服务内容较少、可行性一般得0－1分。	主观分

续表

评分类型	评分因素	要素分值	评分细则	备注
技术服务部分（63分）	产品先进性	5	根据投标人就本项目所投产品的先进性及相关证明材料综合评价。产品性能稳定、安全性高、可扩展性强、市场认可度高的得4－5分；产品性能较稳定、安全性较高、可扩展性较强、市场认可度较高的得2－3分；产品性能较稳定、安全性一般、可扩展性弱、市场认可度一般的得0－1分。	主观分
合计		100		

问

请结合政府采购相关法律法规找出本采购方案存在的问题，同时说明原因并提出修改建议。

答：

8. 2. 2 答案解析

答

题号	答案
1	《政府采购货物与服务招标投标管理办法》第二十七条和第二十八条规定，招标采购单位对已发出的招标文件进行必要澄清或者修改的，应当在招标文件要求提交投标截止时间 15 日前，在财政部门指定的政府采购信息发布媒体上发布公告并以书面形式通知所有招标文件收受人。该澄清和修改的内容为招标文件的组成部分，招标采购单位可以视采购具体情况延长投标截止时间和开标时间，但至少应当在招标文件提交，投标文件的截止时间 3 日前将变更时间书面通知所有招标文件收受人，并在财政部门制定的政府采购信息发布媒体上发布变更公告。 本案例中，发布修改后的开标时间和技术参数与设备数量调整的公告离原定开标时间仅有两天，不符合规定。
2	《政府采购货物和服务招标投标管理办法》（财政部令第 87 号）第四十七条规定，评标委员会由采购人代表和评审专家组成，成员人数应当为 5 人以上单数。其中，评审专家不得少于成员总数的三分之二。采购项目符合下列情形之一的，评标委员会成员人数应当为 7 人以上单数。一是采购预算金额 1000 万元以上；二是技术复杂；三是社会影响较大。 本案例中，采购预算 1585 万元，采购项目评审评委应为 7 人以上单数，且评审专家不得少于成员总数的三分之二。
3	（1）《政府采购法实施条例》第十八条规定，“单位负责人为同一人或者存在直接控股、管理关系的不同供应商，不得参加同一合同项下的政府采购活动”，存在以上两种情况其中一种均属于公司之间存在关联关系，只能认定其为投标无效。“单位负责人”一般是指法定代表人。 首先，A 物业公司的一个项目经理原来是 C 物业公司的项目经理，项目经理不是单位负责人，而且对公司没有控股、管理关系。所以，从项目经理来看，A 公司和 C 公司没有关联关系。 另外一层关系是，A 物业公司的法人是 C 物业公司的监事。这就要看监事对 C 公司是否存在直接控股、管理关系，如果是的话，那 A、C 公司属于就关联公司，A 公司的中标自然也就无效。

题号	答案
3	（2）本案例中，即使认定A公司和C公司存在直接控股、管理关系，属于关联企业，也不能由此认定A公司和C公司是串通投标。《政府采购货物和服务招标投标管理办法》第三十七条规定，当出现不同投标人的投标文件由同一单位或者个人编制；不同投标人委托同一单位或者个人办理投标事宜；不同投标人的投标文件载明的项目管理成员或者联系人员为同一人；不同投标人的投标文件异常一致或者投标报价呈规律性差异；不同投标人的投标文件相互混装；投标保证金从同一单位或者个人的账户转出，出现上述这六种情形之一时，即视为串通投标，其投标无效。 本案例中，调查后并未发现A公司与其他供应商存在串通报价、文件混装等行为。显然也不符合串通投标的认定条件，因此也不能认定A公司和C公司一定是串通投标。
4	上述案例中，代理机构评标结果复核中发现问题，及时与采购人沟通，采购人及时上报监管部门，这些做法都是值得肯定的。根据《政府采购法》第二十三条和《政府采购货物和服务招标投标管理办法》（财政部令第87号，以下简称“87号令”）第四十四条的规定，采购人应该承担资格审查的主体责任，但由于87号令实施之前的财政部令第18号将资格审查的责任交给了评标委员会，因此许多采购人对资格审查都不熟悉。87号令施行后，很多采购人很不适应资格审查这项工作，实践中还出现了审错的情况。这需要采购人加强对资格审查工作的学习，尽快上手，发现问题要及时报监管部门，并按照监管部门要求，及时“纠错”——废标后重新开展采购活动。
5	（1）我国政府采购法规定，可以采用竞争性谈判方式采购的情况：一是招标后没有供应商投标或者没有合格标的或者重新招标未能成立的；二是技术复杂或者性质特殊，不能确定详细规格或者具体要求的；三是采用招标所需时间不能满足用户紧急需要的；四是不能事先计算出价格总额的。 （2）案例中的政府采购程序至少存在以下几方面的问题：一是既然变更了供应商标准应进行变更登记公告；二是如果供应商的数量不能达到采购方式的需求，采购代理机构应变更采购方式或者重新进行采购。

题号	答案
6	开标应遵守以下原则和方法： （一）开标应按招标文件中规定的日期、地点和程序进行。 （二）开标形式应采取公开形式。 （三）应作好开标记录。 （四）规定日期之后收到的投标及没有开封和开标时没有宣读的投标均不应予以考虑。 （五）在有些情况下，可以暂缓或推迟开标时间。结合案例，迟到的投标应予以拒收，尽管仅仅迟到了一分钟。投标人即使向监管部门投诉，也不能胜诉。但开标时，在一些特殊的情况下，可以暂缓或者推迟开标的时间，这些特殊情况通常是指不可抗力原因，如自然灾害等。
7	（1）单一来源采购的理由包括采购失败、采购标的来源单一、紧急采购时效的需要、附加合同、研究实验或开发合同、重复合同、设计竞赛。本问题属于开放性问题，结论可以是理由充分或者不充分，但是需要结论明确，论证逻辑清楚，言之成理。 回答应从单一来源政府采购适用条件入手，根据案例事实数据，给出自己的判断，论据应客观，结论应符合逻辑，文字简练，避免口语化，用词为专业术语。 （2）单一来源采购的优点和缺点： 优点：采购环节相对较少、手续相对简单，过程相对简化；程序简单，时效性强。 缺点：缺乏必要的竞争；容易滋生腐败。
8	（1）本问题属于开放性问题，结论可以是理由充分或者不充分，但是需要，论证逻辑清楚，言之成理，符合社会主义核心价值观。 （2）本问题属于开放性问题，结论可以是理由充分或者不充分，但是需要结论明确，论证逻辑清楚，言之成理。 回答问题应立足本案例，以政府采购的社会主义核心价值导向为依据，对本案例的处理给出鲜明观点，并应聚焦政府采购监督回答，避免发散，回答问题应文字简练，立论符合事实依据，避免口语化，用词为专业术语。

题号	答案
9	采购人的做法已违反了政府采购法的相关规定。 （1）该地区的公开招标限额为50万元，该校采购电梯总计约85万元，已超过50万元的标准，必须采用公开招标采购方式。政府采购法第二十八条：采购人不得将应当以公开招标方式采购的货物或者服务化整为零或者以其他任何方式规避公开招标采购。 （2）竞争性谈判采购的适用条件是采用招标程序不切实际或不可行的情况下，但条件是此种紧急情况并非因采购者办事拖拉所致，而这次的采购人是在3月份初已制定好了采购需求，但是一直拖到4月15日，正是属于这种情况，因此该采购方的做法是违法的。
10	（1）事件1中招标人行为的不妥之处及理由如下： 不妥情形1：投标人改用邀请招标方式进行招标；理由：该建设工程项目为政府投资，应该进行公开招标。 不妥情形2：投标人要求在当地承包商中选择中标人；理由：招标人不得对潜在投标人实施歧视待遇。 （2）事件2中招标代理机构在资格预审时还应审查的内容： （一）是否具有独立订立合同的权利。 （二）资金、设备和其他物质设施状况，管理能力，经验、信誉和相应的从业人员。 （三）是否处于被责令停业，投标资格被取消，财产被接管、冻结，破产状态。 （四）在最近3年内是否有骗取中标和严重违约及重大工程质量问题。 （五）是否符合法律、行政法规规定的其他资格条件。 （3）事件3、事件4中招标代理机构行为的不妥之处及理由如下： 不妥情形1：设定招标文件出售的起止时间为3个工作日；理由：自招标文件出售之日起至停止出售之日止，最短不得少于5个工作日。 不妥情形2：要求投标人提交的投标保证金为120万元；理由：投标保证金一般不得超过投标总价的2%，但最高不得超过80万元。 不妥情形3：招标代理机构组建评标委员会；理由：评标委员会由招标人负责组建。 不妥情形4：评标委员会中包括该项目主管部门主要负责人；理由：项目主管部门或者行政监督部门的人员不得担任评标委员会成员。

<table>
<tr><th>题号</th><th>答案</th></tr>
<tr><td>10</td><td>（4）事件 5 中招标人行为的不妥之处及理由如下：
不妥情形 1：招标人向中标人提出降价要求；理由：确定中标人后，招标人不得就报价、工期等实质性内容进行谈判。
不妥情形 2：签订的书面合同的合同价比中标价降低 2%；理由：招标人向中标人发出中标通知书后，招标人与中标人依据招标文件和中标人的投标文件签订合同，不得再行订立背离合同实质内容的其他协议。
不妥情形 3：招标人在与中标人签订合同 3 周后，退还了未中标的其他投标人的投标保证金；理由：招标人与中标人签订合同后 5 个工作日内，应当向中标人和未中标人退还投标保证金。</td></tr>
<tr><td>11</td><td>（1）该项目不应该委托社会中介机构代理采购不正确。依据《国家税务总局关于贯彻执行中央预算单位政府集中采购目录及标准（2020 年版）的通知》（税总函〔2020〕31 号）规定，乘用车属于集中采购机构采购项目，必须委托集中采购机构代理采购，不得委托社会中介机构组织采购。
（2）该项目指定品牌购买上汽大众帕萨特轿车的采购需求不正确。理由是《中华人民共和国政府采购法实施条例》规定：“招标人不得以不合理的条件限制、排斥潜在投标人或者投标人。招标人有下列行为之一的，属于以不合理条件限制、排斥潜在投标人或者投标人：……（五）限定或者指定特定的专利、商标、品牌、原产地或者供应商”。</td></tr>
<tr><td>12</td><td>（1）《政府采购法》第三十一条规定：“符合下列情形之一的货物或者服务，可以依照本法采用单一来源方式采购：
（一）只能从唯一供应商处采购的；
（二）发生了不可预见的紧急情况不能从其他供应商处采购的；
（三）必须保证原有采购项目一致性或者服务配套的要求，需要继续从原供应商处添购，且添购资金总额不超过原合同采购金额百分之十的。”
逐一对照单一来源采购方式的三种适用情形，分析如下：
1.《政府采购法实施条例》第二十七条明确规定：“政府采购法第三十一条第一项规定的情形，是指因货物或者服务使用不可替代的专利、专有技术，或者公共服务项目具有特殊要求，导致只能从某一特定供应商处采购。”依据这一规定，本项目不属于“只能从唯一供应商处采购的”情形。</td></tr>
</table>

<table>
<tr><th>题号</th><th>答案</th></tr>
<tr><td>12</td><td>2. 本项目先后两次采购失败，导致 2020 年度软件维保期间即将开始，项目实施时间确属紧急，但发生多次采购失败这一特殊情况，是一个有经验的采购人和采购代理机构应当预见的情况，不属于“不可预见”的紧急情况。
3. 本项目并非为出于特定目的而需要从原供应商处添购的情形，显然不属于法定的第三种适用情形。
综上分析，本项目竞争性谈判失败，不属于单一来源采购方式的法定适用情形。
（2）《政府采购非招标采购方式管理办法》（财政部 74 号令）第三十七条规定出现下列情形之一的，采购人或者采购代理机构应当终止竞争性谈判采购活动，发布项目终止公告并说明原因，重新开展采购活动：
（一）因情况变化，不再符合规定的竞争性谈判采购方式适用情形的；
（二）出现影响采购公正的违法、违规行为的；
（三）在采购过程中符合竞争要求的供应商或者报价未超过采购预算的供应商不足 3 家的。
依据这一规定：本项目第二次竞争性谈判采购过程中，出现实质性响应采购文件要求的供应商只有 1 家时，依法应当终止采购，并重新组织采购活动；而不得以时间紧急为由，擅自改用单一来源方式进行采购。
（3）在政府采购实践中，采用竞争性谈判、竞争性磋商和询价等方式实施的采购项目，出现符合竞争要求的供应商或者报价未超过预算的供应商不足 3 家时，采购人或采购代理机构应当终止采购活动，发布项目终止公告并说明原因，重新开展采购活动。在重新采购过程中，有时还会出现参加采购活动或符合竞争要求的供应商不足 3 家的情形。除法定情形外，供应商不足 3 家时，不得进行 2 家谈判、磋商或价格评审，改用单一来源采购方式也缺乏法律依据，只能依法再次重新组织采购活动。因此，很有可能出现多次采购失败的情形。
74 号令第十二条规定：“采购人、采购代理机构应当通过发布公告、从省级以上财政部门建立的供应商库中随机抽取或者采购人和评审专家分别书面推荐的方式，邀请不少于 3 家符合相应资格条件的供应商参与竞争性谈判或者询价采购活动。”为避免出现无限循环采购的不利情形，在非招标采购实践中，如多次采购失败，建议采购人或采购代理机构变</td></tr>
</table>

题号	答案
12	更供应商的产生方式：如当地省级财政部门已经建立了相应供应商库的，可采用从供应商库中随机抽取的方式，确定3家以上供应商参加谈判活动；如当地财政部门尚未建立供应商库，则可采用采购人和评审专家书面推荐的方式，确定3家以上供应商参加谈判活动，以保证竞争性谈判活动的顺利进行。
13	（1）根据《政府采购法》规定，公开招标应作为政府采购的主要方式。此外，《政府采购法》第二十九条还规定，符合下列情形之一的货物或者服务，可以依照本法采用邀请招标方式采购： （一）具有特殊性，只能从有限范围的供应商处采购的； （二）采用公开招标方式的费用占政府采购项目总价值的比例过大的。本项目鉴于是通用性项目，因此对照上述邀请招标的适用条件，采购中心仅凭采购人的申请就确定将采购方式改为邀请招标的做法是不适当的。 （2）《政府采购法》还规定，若因特殊情况需要进行公开招标以外方式进行采购的，也应该报经政府采购监管部门批准。而本案例中，采购中心在确定邀请招标的采购方式后，而没有报经政府采购监管部门批准，因此该采购方式的使用是不合法的。（或答对达到公开招标数额标准的采购项目，因特殊情况需采用非公开招标采购方式的，必须在采购活动开始前由省税务局报税务总局（采购中心）转报财政部批准后执行）。 （3）根据《政府采购货物和服务招投标管理办法》规定，采用邀请招标方式采购的，招标采购单位应当在省级以上人民政府财政部门制定的政府采购信息媒体发布资格预审公告，公布投标人资格条件，资格预审公告的期限不得少于七个工作日。投标人应当在资格预审公告结束之日起三个工作日前，按公告要求提交资格证明文件。招标采购单位从预审合格投标人中，通过随机方式选择三家以上的投标人，并向其发出投标邀请书。而本案例中，采购中心除了简单的在采购人推荐的4家供应商基础上，又另外邀请了3家供应商外，完全没有根据“公平、公正、公开”的原则，留下了诸多的“腐败”隐患。因此，该采购中心在邀请招标的操作程序上也是不合法的。 （4）应在财政部指定媒体进行公告，包括中国政府采购网、《中国财经报》《中国政府采购报》《中国政府采购杂志》《中国财政杂志》。

题号	答案
14	（1）根据《招标投标法》第二十八条规定，在招标文件要求提交文件的截止时间后送达的投标文件，招标人应当拒收，C 企业的投标文件送达时间迟于投标截止时间，因此该投标文件应该拒收。 （2）根据《招标投标法》和国家计委、建设部等《评标委员会和评标方法暂行规定》，投标文件若没有法定代表人签字和加盖公章，则属于重大偏差。本案 E 企业投标文件没有法定代表人签字，项目经理也未获得委托人授权书，无权代表本企业投标签字，尽管有单位公章，仍属存在重大偏差，应作废标处理。 （3）根据《招标投标法》第三十四条规定，开标应当在投标文件确定的提交投标文件的截止时间公开进行，本案招标文件规定的投标截止时间是 10 月 18 日下午 4 时，但迟至 10 月 21 日下午才开标，是不妥之处。 （4）根据《招标投标法》第三十五条规定，开标应由招标人主持，本案属于行政监督部门的当地招投标监督管理办公室主持，是不妥之处。 （5）根据《招标投标法》和国家计委、建设部等《评标委员会和评标方法暂行规定》，评标委员会由招标人或其委托的招标代理机构熟悉相关业务的代表，以及有关技术、经济等方面的专家，并规定项目主管部门或者行政监督部门的人员不得担任评标委员会委员。一般而言公证处人员不熟悉工程项目相关业务，当地招投标监督管理办公室属于行政监督部门，显然招投标监督管理办公室人员和公证处人员担任评标委员会成员是不妥的。《招投标法》还规定评标委员会技术、经济等方面的专家不得少于成员总数的 2/3。本案技术、经济等方面的专家比例为 4/7，低于规定的比例要求。 （6）根据《招标投标法》第四十六条规定，招标人和中标人应当自中标通知书发出之日起 30 天内，按照招标文件和中标人的投标文件订立书面合同，本案 11 月 10 日发出中标通知书，迟至 12 月 12 日才签订书面合同，两者的时间间隔已超过了 30 天，违反了《招投标法》的相关规定。
15	• 能够说明台式计算机属于批量集中采购项目，需要报批后才能实施采购； • 熟悉紧急零星采购项目的审批流程和审批依据，能够及时与上级单位沟通； • 能够考虑到本次紧急采购可能涉及到预算调整； • 如果审批不能通过，能够找到合适的解决方案； • 能够由此项工作考虑到工作前瞻性和年初预算编制的科学性。

题号	答案
16	根据《政府采购货物和服务招标投标管理办法》（财政部令第87号）第五十一条的规定，对于投标文件中含义不明确、同类问题表述不一致或者有明显文字和计算错误的内容，评标委员会应当以书面形式要求投标人作出必要的澄清、说明或者补正。投标人的澄清、说明或者补正应当采用书面形式，并加盖公章，或者由法定代表人或其授权的代表签字。投标人的澄清、说明或者补正不得超出投标文件的范围或者改变投标文件的实质性内容。 第六十二条 评标委员会及其成员不得有下列行为：接受投标人提出的与投标文件不一致的澄清或者说明。违反评标纪律发表倾向性意见或者征询采购人的倾向性意见。评标委员会成员有以上行为之一的，其评审意见无效，并不得获取评审劳务报酬和报销异地评审差旅费。 鉴于此，评审委员会要求投标人对实质性内容修改并予以接受，评审意见无效，应受到相应处罚。
17	（1）上述行为存在下列违法： ①该供应商在明知将来实际使用较差品质的中密度板的前提下，依然在投标时投报较好品质的木材，还报出了惊人的低价，这是一种典型的虚假投标行为；而且还与采购人取得“默契”，相互串通，严重影响了政府采购活动的公平性和公正性。根据《政府采购货物和服务招标投标管理办法》规定，可以分别对采购人和供应商给予相应的处罚，还可以宣布中标无效。 ②供应商与采购人协商，“将中密度板换成了品质较差的另外一个品牌，且合同金额不变；作为补偿，该供应商在合同中将免费维保期增加一年”，对标书的实质性内容进行了修改，根据《政府采购货物和服务招标投标管理办法》第七十一条规定，采购人应当自中标通知书发出之日起30日内，按照招标文件和中标人投标文件的规定，与中标人签订书面合同。所签订的合同不得对招标文件确定的事项和中标人投标文件作实质性修改。 （2）根据《政府采购法》第四十九条规定，政府采购合同履行中，采购人需追加与合同标的相同的货物、工程或者服务的，在不改变合同其他条款的前提下，可以与供应商协商签订补充合同，但所有补充合同的采购金额不得超过原合同采购金额的百分之十。因此，本案例合同总金额110万元，若采购人在增补采购10万元与合同标的相同的货物的话，是可以直接与该供应商进行商谈的。

题号	答案
18	（1）《政府采购法》第三十二条规定，采购的货物规格、标准统一、现货货源充足且价格变化幅度小的政府采购项目，可以依照本法采用询价方式采购。 第四十条规定，采取询价方式采购的，应当遵循下列程序： （一）成立询价小组。询价小组由采购人的代表和有关专家共三人以上的单数组成，其中专家的人数不得少于成员总数的三分之二。询价小组应当对采购项目的价格构成和评定成交的标准等事项作出规定。 （二）确定被询价的供应商名单。询价小组根据采购需求，从符合相应资格条件的供应商名单中确定不少于三家的供应商，并向其发出询价通知书让其报价。 （三）询价。询价小组要求被询价的供应商一次报出不得更改的价格。 （四）确定成交供应商。采购人根据符合采购需求、质量和服务相等且报价最低的原则确定成交供应商，并将结果通知所有被询价的未成交的供应商。 （2）该询价小组存在下列违法行为：由于有两款机器在采购前对型号及配置的规定有问题，因此在询价过程中就应该宣布这两个分项不能成交，应重新采购，而不能让供应商重新报价，否则就违反了询价中“被询价的供应商一次报出不得更改的价格”的规定。 鉴于询价采购的货物规格、标准统一，而上述两款机器较为复杂，采购人应在采购前将采购方式定为竞争性谈判采购和其他采购方式，而不应是询价采购。
19	（1）本案中招标人的观点不正确，投标人的观点正确。 《招标投标法》规定，在确定中标人前，招标人不得与投标人就投标价格、投标方案等实质性内容进行谈判。本案中招标人的做法，直接违反了这一条法律的规定。 （2）招标人在完成了对投标文件审查，确认评标报告符合相关规定后，应根据《招标投标法实施条例》的规定确定中标人，即国有资金占控股或者主导地位的依法必须进行招标的项目，招标人应当确定排名第一的中标候选人为中标人。排名第一的中标候选人放弃中标、因不可抗力不能履行合同、不按照招标文件要求提交履约保证金，或者被查实存在影响中标结果的违法行为等情形，不符合中标条件的，招标人可以按照评标委员会提出的中标候选人名单序依次确定其他中标候选人为中标人，也可以重新招标。

题号	答案
20	上述案情皆不符合政府采购的规定。 案情一：采购人可以根据采购项目的特殊要求，规定供应商的特定条件，但不得以不合理的条件对供应商实行差别待遇或者歧视待遇，更不得以任何手段排斥其他供应商参与竞争。在招标公告或资质审查公告中，如果以不合理的条件限制、排斥其他潜在投标人公平竞争的权利，这就等于限制了竞争的最大化，有时可能会加大采购成本。 案情二：采购人因项目特殊性，且只能从有限范围的供应商处采购的，经财政部门批准后可以采用邀请招标方式。该单位之所以这样做，似乎理由很充分，但这确实是一个违法采购行为。不能因为上级对资金使用有特殊要求，必须在年底前出账而忽略了等标期不得少于 20 天的法律规定；在未经财政部门批准的情况下，擅自采用邀请招标方式没有法律依据；单位领导研究确定采购桑塔纳 2000 型轿车作为公务用车，理由不够充分，属于定牌采购，有意无意地排斥了其他同类品牌车的竞争，且同一品牌 3 家代理商的竞争不等于不同品牌 3 家供应商的竞争；属于政府集中采购目录范围内的普通公务用车，应当委托集中采购机构采购，而不能擅自采用部门集中采购形式自行办理。
21	（1）A 应该向采购人提出质疑，采购人委托采购代理机构的，也可以向采购代理机构提出质疑。提出质疑的法定期限是供应商在知道或者应知其权益受到损害之日起 7 个工作日内。因为根据《政府采购法》第五十二条规定，“供应商认为采购文件、采购过程和中标、成交结果使自己的权益受到损害的，可以在知道或者应知其权益受到损害之日起七个工作日内，以书面形式向采购人提出质疑。” （2）根据《中华人民共和国政府采购法》第二十二条第一款规定，供应商参加政府采购活动应当具备的条件第五项为“参加政府采购活动前三年内，在经营活动中没有重大违法记录”。参加政府采购活动的供应商应当提供相应“书面声明”等材料。而根据《中华人民共和国政府采购法实施条例》第十九条第一款的规定，“较大数额罚款”的行政处罚属于《中华人民共和国政府采购法》所称重大违法记录。因此，A 公司属于《中华人民共和国政府采购法》第七十七条规定的供应商“提供虚假材料谋取中标、成交的”，中标、成交无效。 采购人或采购代理机构应当依法另行确定中标、成交供应商或重新

题号	答案
21	开展采购活动，并将有关情况书面报告本级财政部门。因为根据《政府采购质疑和投诉办法》第十六条的规定，采购人、采购代理机构认为供应商质疑认为供应商质疑成立且影响或者可能影响中标、成交结果的，按照下列情况处理：对采购过程、中标或者成交结果提出的质疑，合格供应商符合法定数量时，可以从合格的中标或者成交候选人中另行确定中标、成交供应商的，应当依法另行确定中标、成交供应商；否则应当重新开展采购活动。质疑答复导致中标、成交结果改变的，采购人或者采购代理机构应当将有关情况书面报告本级财政部门。 （3）根据《中华人民共和国政府采购法》第七十七条第一款第一项的规定，A供应商可能被处以采购金额千分之五以上千分之十以下的罚款，列入不良行为记录名单，在一至三年内禁止参加政府采购活动，有违法所得的，并处没收违法所得，情节严重的，由工商行政管理机关吊销营业执照；构成犯罪的，依法追究刑事责任。
22	（1）不合理。因为《政府采购法》第二十二条第二款规定，“采购人可以根据采购项目的特殊要求，规定供应商的特定条件，但不得以不合理的条件对供应商实行差别待遇或者歧视待遇”。《政府采购法实施条例》第二十条第二项规定，采购人或者采购代理机构“设定的资格、技术、商务条件与采购项目的具体特点和实际需要不相适应或者与合同履行无关”的，属于以不合理的条件对供应商实行差别待遇或者歧视待遇。 一方面，所谓驰名商标是指在中国为相关公众广为知晓并享有较高声誉的商标。驰名商标制度的意义主要在于保护被公众所熟知的商标不被他人注册或使用。是否驰名商标与能否满足采购需求没有必然关系。另一方面，该条件存在限制中小微企业参与政府采购活动的嫌疑，违反了《政府采购货物和服务招标投标管理办法》第五条关于“采购人应当在货物服务招标投标活动中落实节约能源、保护环境、扶持不发达地区和少数民族地区、促进中小企业发展”等政府采购政策。 案例中将“中国驰名商标”作为加分项，即便具有驰名商标的供应商超过三家，仍然歧视了非驰名商标品牌的供应商，排除或限制了潜在供应商公平参加竞争的机会。因此，该评审因素设置不合理。 （2）投标人A公司对采购代理机构的答复不满意，可以向财政部门投诉，如果对财政部门投诉处理决定不服或者财政部门逾期未作处理的，还可以依法申请行政复议或者向人民法院提起行政诉讼。因为根据《政

题号	答案
22	府采购法》第五十五条规定，质疑供应商对采购人、采购代理机构的答复不满意或者采购人、采购代理机构未在规定的时间内作出答复的，可以在答复期满后十五个工作日内向同级政府采购监督管理部门投诉。《政府采购法》第五十八条规定，投诉人对政府采购监督管理部门的投诉处理决定不服或者政府采购监督管理部门逾期未作处理的，可以依法申请行政复议或者向人民法院提起行政诉讼。
23	参考要点如下： （1）坚持无预算不采购，能够考虑到本次采购可能涉及到预算调整，并说明如何调整预算，如何编制采购计划。 （2）领导关注的事项，能够提出合理的采购方案，快速完成采购任务。 （3）能够选择正确的采购方式。 （4）能够由此项工作考虑到工作前瞻性和年初预算编制的科学性。
24	主要问题如下：（找出错误并准确说明原因） 1. 递交投标文件截止时间（7 月 28 日下午 2：30）错误，招标文件发出之日（从 7 月十日计算）到递交投标文件截止之日不满 20 天； 2. 将特定金额业绩作为供应商资格条件错误属，于对投标人实行差别待遇或者歧视性实待遇； 3. 领取招标文件是要求供应商提供同类项目业绩证明材料错误，资格审查应在项目开标后开展； 4. 公告期限为“自本项目发出招标文件之日起 5 个工作日”错误，应为“自本项目发布招标公告之日起 5 个工作日”。 5. 本项目委托社会采购代理机构实施采购错误，PC 服务器项目为政府集中采购目录内项目不能委托社会采购代理机构。
25	1. 第七条供应商资格条件：把产品原厂授权作为供应商特定资格条件，属于对投标人实行差别待遇或者歧视性实待遇，不符合政府采购有关律法规，应去掉本特定资格条件； 2. 第十条履约保证金：“缴纳比例为预算金额的 5%”表述不正确，应修改为“缴纳比例为合同金额的 5%”； 3. 第十二条评标委员会组成：采购专家 4 名，占评标委员会成员的

题号	答案
25	4/7，小于 2/3，不符合政府采购法关于评标委会成员中评审专家不低于 2/3 的要求，应调整为评审专家 5 或 6 人，采购人代表 2 或 1 人； 4. 第十三条评审标准第一款评标办法：关于“对对小型、微型企业产品、监狱企业产品、残疾人福利性单位产品的价格给予 5% 的扣除”不正确，不符合小微企业参加投标时给予 6% ~10% 价格扣除的有关规定，应把价格扣除比例调整为 6% ~8% 之间。 5. 第十三条评审标准第三款评审办法：关于“由评标委员会举手表决确定中标候选人顺序”的说法不正确，应修改为：“由评标委员会按照随机抽取方式确定并列中标候选人顺序，并书面记录抽取过程，相关抽取资料和评审文件一并存档”。 6. 第十三条评分细则：价格分值 20 分不符合货物类项目价格分值权重不少于 30% 的要求，应调整到 30 分以上。 7. 第十三条评分细则：价格分计算公式（投标报价得分 =（投标报价/评标基准价）×20×100%）不正确，正确的应为：投标报价得分 =（评标基准价/投标报价）×20×100%。 8. 第十三条评分细则：要求 200 万元以上成功案例才能得分，属于对投标人实行差别待遇或者歧视性实待遇，应去掉合同金额要求。 9. 第十三条评分细则：关于“以上案例中每有一个税务行业案例的加 1 分”的做法不合规，属于对投标人实行差别待遇或者歧视性实待遇，应去掉加分条款。